VIE PRIVÉE

OU APOLOGIE

DE TRES - SÉRÉNISSIME PRINCE

MONSEIGNEUR

LE DUC

DE CHARTRES.

Contre un Libel diffamatoire écrit en mil sept cent quatre-vingt-un, mais qui n'a point parut à cause des menaces que nous avons faites à l'Auteur de le décéler.

Par une Societe d'Amis du prince.

NOS LEVRES N'ONT JAMAIS TRAHI LA VÉRITÉ.

A CENT LIEUS DE LA BASTILLE.

M. DCC. LXXXIV.

ÉPÎTRE

DEDICATOIRE

AUX ADMIRATEURS DES GRANDS HOMMES.

Messieurs,

Sans vous louer ni vous flatter, nous rendons justice à votre mérite, & c'eſt pour vous donner un gage de notre attachement que nous vous offrons le préſent Ouvrage. C'eſt la Vie privée d'un Prince qui, quoiqu'au centre d'une vaſte & très - peuplée Capitale, reſterait peut-être ignoré comme dans un deſert, ſi nous ne le retirions de l'oubli profond où il eſt plongé, malgré une Campagne fameuſe qu'il a faite ſur mer, & de laquelle il eſt revenu ſain & ſauf dans ſa chere Patrie, après avoir cependant fait, comme le pauvre Uliſſe, de grandes & de longues erreurs. Pluſieurs d'entre vous, Meſſieurs,

avez

†

avez été témoins oculaires des faits que nous allons rapporter, vous tranſmettrez, dites-vous, par la tradition, à vos neveux, l'exemple que leur offre ce Prince. Mais pourriez-vous le venger de la calomnie par laquelle on a cherché à ternir ſa gloire, & à flétrir ſes lauriers? Nous allons prendre cette tâche; rien n'eſt plus propre que l'Hiſtoire pour encourager la vertu & combattre le vice. Mais vous allez peut-être nous conſidérer comme de ces Auteurs ordinaires, dont le but eſt de mériter les ſuffrages du Public, & ſon argent? Eh bien, Meſſieurs, penſez-le ſi vous voulez; mais tel que puiſſe être votre jugement, & ſur l'Ouvrage & ſur le deſſein de ſes Auteurs, s'il vous intéreſſe un inſtant, nous aurons réuſſi.

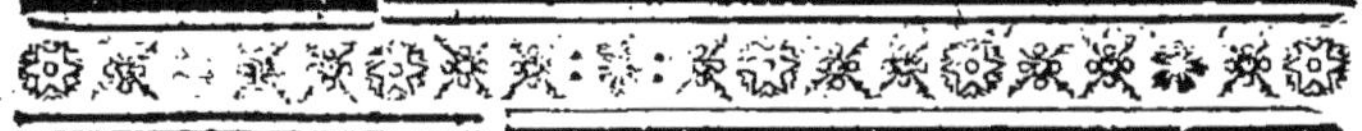

DISCOURS
PRELIMINAIRE.

On a depuis longtems la manie de ne parler que des Anciens, il semble que les Hébreux, les Grecs & les Romains aient été seuls capables de grandes vertus & de grands vices : & nos Contemporains ne citent jamais que des morts pour servir d'exemple à la génération actuelle. Ne trouverions nous pas, sans beaucoup chercher, dans notre France, des preuves assez sensible de la force & de la faiblesse humaine ? Nous allons suivre une autre marche ; nous voulons des

exemples

exemples vivans : aucune Hiſtoire n'en fournira peut-être de plus inté-ſeſſans que celle du Prince dont vous allez lire la Vie. Nous n'écri-rons que des faits certains & connus : nous vous laiſſons le plaiſir & le ſoin des obſervations, des remarques & des jugemens à porter. Notre ſtile véri-dique n'augmentera & ne diminuera rien du monument que nous allons élever ; jugez avec impartialité s'il eſt fait pour perpétuer la gloire ou l'iner-tie du héros de notre Ouvrage.

VIE PRIVÉE DE S. A. S. MONSEIGNEUR LE DUC DE CHARTRES.

O U

Réfutation d'un Libel diffamatoire écrit en 1781, mais qui n'a point parut à caufe des ménaces que nous avons faites à l'Auteur de le décéler.

L'A N mil fept cent quarante - fept, le treize Avril, náquit LOUIS-PHILIPPE-JOSEPHE, Duc de CHARTRES.

Le duc d'O..... vivait en ce temps-là dans le fein d'une volupté peu louable : fa moindre ambition était celle de mériter la confidération du peuple français : il préférait, à tous les autres avantages dont il aurait pu jouir, une molle indolence qui, jointe à fon ineptie naturelle, ne lui permettait de fortir de fon palais que pour s'enivrer des douceurs de l'amour chez des Lais ou des Phrinées : ignorant parfaitement les affaires publiques, ainfi que les fien

A　　　　nes

nes particulieres, il oubliait de faire le bien qui était en son pouvoir, mais il avait la bonhomie de ne donner jamais de conseils de peur d'en donner de mauvais; aussi cette conduite merveilleuse lui merita-t-elle le nom d'un bon Prince.

Adorateur zélé de la vénus proftituée ce Prince n'avait pas même le tems ni la force d'ouvrir les yeux fur la conduite de la femme que les Loix & la Religion lui avaient accordée pour en jouir lui feul & en toute propriété.

Des gens malhonnêtes qui n'ont d'autre plaifir que celui de déchirer la réputation des perfonnes les plus vertueufes ont donné à croire, que cette Princeffe était d'une lubricité fans égale, & qu'elle vivait publiquement avec le comte de P...ac, animal qui n'avait de l'homme que la figure : on a même pouffe l'infamie jufques à dire dans les termes de l'Ecriture fainte, en parlant des amans de Olla & de Olliba, que ce Comte avait un membre femblable à celui d'un âne, & que la femence qui en fortait furpaffait en quantité celle d'un cheval. On ajoute enfin que ces influences n'étant pas capables de fixer la Ducheffe, elle charmait les en-

nuis

huis de l'abfence du Comte par les embraffemens du vigoureux Lefranc un de fes cochers. Quelques perfonnes plus charitables fe font contentées de dire qu'elle faifait fur ce cocher des expériences de philofophie naturelle affez curieufes, & que c'eft d'elle que vient le goût dominant que nos femmes ont aujourd'hui pour ce genre de philo-fophie. Si cela eft vrai, meffieurs les profeffeurs de phyfique doivent les charmantes élèves qui fuivent leurs cours à l'exemple qu'à donné cette Prin-ceffe dont la mémoire doit leur être très-chere.

Si l'on était affez faible pour fe laiffer féduire par l'éloquence féductrice de la Calomnie, on foupçonnerait, fi même on n'etait pas perfuadé, que c'eft aux doux ébats de ce Lefranc que le Duc de Ch... doit fon exiftence. Mais plus d'une raifon milite glorieufement contre cette fuppofition ; que dis-je ! plus d'une raifon prouve invinci-blement que cela ne peut être.

D'abord, un axiome de Droit dit que nul au-tre n'eft pere que celui auquel un mariage légi-time en attribue les fonctions. Or, le mari légitime de la Ducheffe était le Duc d'Or... : leur mariage

avait

avait été contracté suivant toutes les formalités requises par les Loix & les Ordonnances, la Religion même y avait donné sa sanction : ainsi le Duc d'Or... est incontestablement le pere du Duc de Ch... , & par une conséquence naturelle le Duc de Ch... ne peut être le fils du vigoureux Lefranc.

Cette vérité est encore rendue plus sensible par un autre axiome de droit & de raison qui dit que le plus fort emporte le plus faible : eh bien ! le quel était le plus fort du Duc d'Or... ou du cocher de la Duchesse, dans le tems dont il est ici question ? Où sont les enfans procréés par ce Lefranc ? On serait fort embarrassé d'en produire & d'en faire connaître un seul ; le Duc d'Or... au contraire peut en montrer dans tous les quartiers de Paris & ailleurs ; il en a même fait deux à la fois à quelques unes de ses maîtresses, & qui ne sont ni faibles ni minces ; & qui tous lui ressemblent si fort qu'on ne peut les méconnaître. Quelque mauvais plaisant demandera, peut-être, si l'on trouve cette ressemblance entre le duc d'Or... & le duc de Ch... son fils ? On lui répondra que cette ressemblance peut ne pas exister dans la corpu-

lence

lence ni dans les figures, mais que leurs qualités
morales aux yeux des connaisseurs paraîtront abfolument les mêmes. Tout le monde fait que la
noir & hideufe Calomnie n'épargne perfonne, &
que les héros du plus grand mérite font la proie
qu'elle recherche avec le plus d'avidité. Au refte
peut-il refter du louche fur la légitimité du duc de
Ch...s ; fon extrait de baptême, & la poffeffion pai-
fible, dont il jouit, de fes titres, revenus & prérogatives font des armes invincibles contre fes détracteurs.

Les années que le duc de Ch...s paffa au milieu
des foins de fes nourrices, des femmes & de fes
gouverneurs ne fourniffent aucun évènement digne
d'être rapporté dans cette hiftoire. Il y aurait de
l'abfurdité à croire que fon caractere a reçu une
forte teinte des vices que poffédoient les femmes
auxquelles fon enfance a été confiée, & que l'e-
xemple, les flatteries & les complaifances de fes
gouverneurs & valets ayent agi plus puiffamment
fur fon penchant que la nature même. Quoiqu'il
en foit nous ne fuppléerons pas à ce qui nous manque d'inftructions fur fes difpofitions & fur fa conduite

duite jufques à l'âge de 36 ans, par des anecdotes controuvées.

Le duc de Ch...s était agé de 16 ans quand il fit fon entrée dans le monde. Tous les amis des ouvriers de fon éducation, tous ceux qui voulaient s'en faire un protecteur, en un mot tous fes dévoués crierent au prodige, tandis que d'un autre côté les envieux & les indifférens, des fots mêmes qui prétendaient s'y connaître, difaient à demie-voix, c'eft une montagne qui par fes cris promettra bientôt d'enfanter quelque merveille, & qui ne produira qu'un rat immonde : tant il eft vrai qu'il eft impoffible de plaire à tout le monde.

Cependant l'ardeur du flambeau de l'amour commençait à fe faire fentir au cœur du jeune Duc. Il eut à peine formé le premier defir de facrifier à Vénus, que tous ceux qui l'environnaient fe difputerent l'avantage d'être les premiers à lui préfenter la victime qu'il devait immoler ; & tous défiraient lui voir employer fur les autels de l'amour les prémices de fes forces. Un de fes gouverneurs, dont le nom reftera dans l'oubli, fe chargea de lui fervir de guide : mais au lieu de le conduire par la

route

route qui conduit au temple de la Vénus célefte , pure & fans tache , qui produit en nous cette paffion douce & voluptueufe qui nous fait aimer le moyen de perpétuer notre efpèce , & qui purifiant nos ames les unit de plus près à l'Etre fuprême ; il l'égara & le mena par un chemin jonché à la vérité de fleurs, au temple de cette vénus lubrique & proftituée qui cache fes turpitudes dans les grottes profondes & les forêts écartées, qui fuit la lumiere du jour, & ne reçoit les facrifices qu'on lui offre que pendant la nuit, ou dans l'obfcurité, après que fes prêtres & prêtreffes ont bu une grande quantité de vins autour de fes autels.

La prêtreffe qui initia le duc de Ch...s dans les myftères de la vénus proftituée, & qui l'admit dans l'endroit le plus fecret de fon temple, fut cette fameufe Déchamps, maîtreffe alors du duc d'Or...; ce fut-elle qui reçut fon offrande, & le préfenta à la divinité. Cette Déchamps, fuivant la chronique fcandaleufe de fon tems, était la créature du monde la plus digne de l'emploi qu'elle rempliffait: elle était impudique & débordée comme il n'en fut jamais; elle poffédait mieux que la putain er-

rante de l'Arétin, l'art de varier & de raffiner les
jouissances : qui croirait que pour se surpasser elle-
même en cette superbe occasion, elle n'introduisit
le duc de Ch...s, dans le sanctuaire de la volupté,
qu'après avoir passé la nuit entre les bras de deux
chanoines de Ste. Génevieve, qu'elle réduisit à demander quartier. Nous avons peine à ajouter foi à
de pareilles extravagances.

On reproche à cet égard, avec assez d'injustice,
au duc de Ch...s d'avoir dans cette jouissance commis un inceste affreux. Mais pourquoi ne pas plutôt croire qu'il tomba, sans le vouloir, dans le
piège de la Déchamps; & qu'il ignorait parfaitement
l'union intime de son pere avec cette courtisanne ?
Elle-même serait à l'abri du reproche de cet inceste, en adoptant l'incertitude prétendue de la légitimité du duc de Ch...s que les uns disaient être
le fils du duc d'Or..., les autres du comte de Pol...
ou du cocher de la maison du Prince qui entrete-
nait cette Messaline.

On ne conçoit guerres quel plaisir put prendre
la Déchamps au sacrifice du duc de Ch.. s ; mais on
conçoit encore plus difficilement comment son al-

tesse

tesse-sérénissime puisa dans une telle source le goût
des plaisirs : sans doute que l'art remplacea bien
des choses qui manquoient à la nature, & que les
fleurs dont était bordé l'abîme l'empêcherent d'en
découvrir l'horreur. Bientôt ce Prince passa, non
de son propre mouvement, mais toujours entraîné
par ceux qui l'entouraient, dans les bras impurs de
toutes les prostituées de Paris; & devenu l'esclave
d'une œconomie qui approchait des bornes de la
lézine, il chercha à satisfaire ses désirs chez des
filles publiques, où, buvant à long traits le poi-
son d'une débauche deshonorante, il éprouva le
sort des compagnons d'Ulisse débarqués dans l'île
de Circée.

Jusques à présent nous croyons avoir suffisam-
ment justifié le duc de Ch...s des imputations
odieuses qu'on s'est permises contre sa naissance.
Sa conduite n'a encore d'autres reproches à craindre que ceux auxquels est exposée une jeunesse
fougueuse, qui a reçu d'ailleurs un fort germe des
passions les plus vives, d'un pere robuste & amou-
reux comme un satire, & d'une mere qui aima mieux
sacrifier ses jours à ses plaisirs, que ses plaisirs à une

vie

vie inactive & monotone. Mais nous allons être forcés de combattre plus vigoureusement que nous n'avons encore fait les diffamateurs du duc de Ch.s.

Dans un Libel infâme qui a été sous nos yeux il y a deux ans, mais qui n'a point paru à cause des menaces que nos avons faites à l'Auteur de le décéler. Voici à peu près les termes dans lesquels est conçu un reproche qu'on lui fait.

« Ce n'était pas assez pour l'héritier de la maison
« d'Or. de suivre en tout les goûts de Philippe-Au-
« guste, il fallait encore pour satisfaire une au-
« tre de ses passions deshonorantes, qu'il entrainât
« dans l'abîme de la débauche & du désordre le
« prince de Lamb..., fils infortuné du duc de Pin-
« thievre. On a attribué la mort de ce Prince à
« l'effervescence de ses sens, & à sa complaisance
« extrême pour le duc de Ch...s. Mais elle a en-
« core une autre cause que je vais dévoiler. De-
« puis longtems le duc de Ch...s avait projetté de
« se marier avec la sœur du prince Lamb... ; une
« de ses vues principales était d'accumuler sur sa
« tête les biens immenses de la maison de Pinth.,
« & la charge de Grand-Amiral. Le prince Lamb.

formait

« formait un obstacle invincible à l'exécution de
« ce plan, & voila la cause de la chûte fatale de
« ce Prince, qui faisait espérer aux Français que,
« quoiqu'il ne descendit pas directement du sang
« des Bourbons, il s'efforcerait au moins d'en sou-
« tenir la gloire & l'éclat ».

Nous croirions faire injure aux sentimens de M.
le duc de Ch...s si nous nous permettions de répondre à cette diffamation que l'enfer seul peut
avoir produite : aucune ame bien née ne formera
même le moindre soupçon sur la fausseté de cette
imputation. Les hommes ont assez de faiblesses pour
fournir d'alimens à la calomnie; pourquoi vouloir
leur supposer des atrocités auxquelles nous ver-
rions peut être qu'ils n'ont pas même pensé, si nous
pouvions lire dans leur cœur. Il est bien plus juste
de dire & de croire que ces deux Princes contemporains & compagnons de débauche, encou-
raient les mêmes dangers, mais qu'un seul des
deux a été la victime de ses désordres & du poi-
son qu'il avait recueilli dans les lieux les plus infâmes, & avec les femmes les plus impures de
Paris.

La

La mort du prince de Lamb... caufa la plus vive douleur à fon vertueux pere qui n'avait rien
négligé pour en former un homme accompli &
digne de lui. Pour y réuffir il avait joint fes leçons paternelles aux inftructions de gouverneurs
religieux & inftruits; mais à l'inftant où il croyait
jouir de fon ouvrage, fon bonheur s'évanouit.
Quelque tems auparavant cet évènement funefte,
le duc de Pinth... défirant perpetuer la fplendeur
de fa Maifon & fon nom, avait choifis pour fon
fils une femme dont la candeur ingénue, la beauté fimple & modefte formaient les moindres qualités.

On prétend que le duc de Ch....s, dévoré par
le feu d'une ambition ignoble, ne vit point cette
union fans dépit, parce qu'elle détruifait fes projets, & paraiffait naturellement lui enlever tout
efpoir fur la fucceffion de la maifon de Pinth....
Mais ceci n'eft encore qu'une pure fuppofition
dont il n'exifte aucune preuve conftante.

Tout ce que l'on peut affurer relativement à la
caufe de la mort du duc de Lamb..., c'eft que la
vérolle fut le poifon qui l'enleva, à la fleur de fon

âge.

âge, dans la force de son tempéramment. Heureux s'il n'eût connu d'autre femme que la sienne,
& s'il eût été plus docile à la voix du devoir &
de la tendresse, qu'à celle de l'égarement & de
la débauche. Son aimable épouse fut elle - même
atteinte de cette maladie infâme, dont il eut l'imprudence de l'infecter. Elle eut le bonheur qu'on
y appliqua à tems les remèdes nécessaires, & elle
en guérit; mais le prince de Lamb... ne reçut aucun secours des soins qu'on lui porta trop tard;
l'instant fatal était venu, il périt au milieu des dou-
leurs & des regrets,

Ce fut à peu près dans le même temps que le
duc de Ch...s guidé peut-être par cet esprit d'intérêt qui est le ressort des actions de presque
tous les hommes, pensa que Mlle de Pinth. était
un excellent parti pour lui. Il la demanda en mariage; & elle lui fut accordée sans beaucoup de
difficultées. Une Princesse chaste & vertueuse passa
au pouvoir d'un Prince épuisé de débauches, &
infecté de plusieurs vices de son âge : & quoi
qu'elle eût mérité à tous égards de fixer pour
jamais, & de rappeller aux devoirs de l'honneur

&

& de la décence fon époux corrompu , elle eut la difgrace de voir qu'infenfible à fes charmes & à fes vertus , il ne s'occupait qu'à facrifier toujours a la vénus diffolue , & à chercher dans la rufe la plus bafe les moyens de dépouiller le duc pe Pinth.... de fes biens & de fa charge de Grand-Amiral de France. Exemple fenfible que ni la naiffance, ni l'éducation ne peuvent étouffer dans le cœur de l'homme le germe des paffions que le hafard y a placé.

Tous les yeux des Français étaient fixés fur la conduite du duc de Ch...s. Le Public s'attendaient à l'époque de fon mariage de voir réalifer l'une ou l'autre des prédictions faites lors de fon entrée dans le monde ; & chacun fe flattait de voir fon oracle accompli : ici nous ne pouvons ni cacher ni trahir la vérité : le duc de Ch..,s au-lieu de fe contenter des plaifirs purs qu'il pouvait goûter paifiblement , & à l'abri de toute cenfure , dans les bras d'une époufe refpectable & qu'il devait chérir , continua à ne s'occuper que de fes premieres erreurs : il en chérit même pour lors fur la brutalité de fes valets. Les G....., les d'A....., affociés

de

de ses débauches, lui donnerent des preuves de leurs connaiſſances dans l'art de raffiner les plaiſirs. Mais celui qu'ils appellaient le plus parfait, était d'aller de bordel en bordel, où il ſe croyait incognito, & d'y faire des ſoupers fins à peu de frais avec des créatures infâmes & ramaſſées ſur des bornes.

A Dieu ne plaiſe qu'en traçant ces turpitudes, notre intention ſoit de ternir la réputation du duc de Ch..., notre but, comme nous l'avons dit, eſt de châtier les mœurs, & de faire triompher la vertu.

En voyant de tels déſordres, ceux qui l'avaient prédit que la montagne n'enfanterait qu'un rat immonde, ſatisfait d'eux-mêmes, regardaient ſans rien dire, mais d'un œuil mocqueur, ceux du parti contraire, & voyaient avec une ſatisfaction peu chretienne, mais naturelle à l'envie, que le duc de Ch...s paſſait dans des orgies ſales & dégoûtantes, des jours qu'il devait à ſon épouſe, à ſa gloire & à ſa patrie.

Ceux au contraire qui l'avaient préconiſé comme une merveille, gardant un ſilence profond,

C   &

& n'efpérant aucunes faveurs de la part d'un Prince
embourbé dans des paffions auffi baffes, fe mor-
daient les doigts, & le voyaient avec douleur re-
chercher par habitude, les objets de fa lubricité
dans le rebut des proftituées les plus viles & les
plus deshonorées même dans les bordels. Mais ce
qui mettait le comble à leur défefpoir, c'était
de voir ce Prince emmener des racrocheufes des
rues, qu'il croyait les plus fouples à fes inclinations, dans un temple qu'il a élevé au libertinage crapuleux aux environs de Paris, & dans
lequel il exécutait les fcenes les plus impudiques
dont on ait jufqu'ici tranfmis l'idée. Il eft des nu-
ditées en peinture qui par leur naïveté & leur
coloris font capable de faire naître, ou de ré-
veiller le feu d'une jouiffance mal menagée &
prefqu'éteinte : malheureux l'auteur qui ofe les tracer. Mais quand une image hideufe & par fes traits
& par fon coloris, caufe un dégoût décidé pour un
vice quelquonque, il eft nonfeulement bon de la
découvrir au public, mais celui qui la poffede eft
même obligé en confcience de la lui montrer.
C'eft pour remplir notre obligation à cet égard,
que

que nous allons, Messieurs, vous tracer, autant
que la pudeur & la décence nous le permettront une
des scenes lubriques qui se représente assez souvent
dans le temple de la Vénus impure qu'a élevé le duc
de Ch...s sous le nom de la Folie. Ici nous laissons,
ainsi que nous l'avons dit au commencement de cet
ouvrage, la liberté au lecteur de faire ses remarques
& de porter son jugement. Quand à nous comme
historiens, nous rapportons fidellement des faits, &
comme apologistes nous les justifions quand il nous
est possible. Ce n'est qu'avec regret que nous nous
voyons forcés d'avouer, en cette circonstance,
que les mœurs & la conduite du duc de Ch...s
bien loin de mériter qu'on les admire, & qu'on
les imite, ne sauraient inspirer que du mépris &
de l'horreur aux honnêtes gens. Au reste le duc
de Ch...s n'est pas le premier qui se soit abandon-
ne à de pareilles faiblesses. Combien d'hommes dis-
tingués par leur mérite & leurs connoissances,
quoique dans l'abondance la plus parfaite des choses les plus délicieuses, semblables à des pour-
ceaux, n'ont-ils pas été fouiller avec volupté dans
les ordures les plus sordides & les plus immondes !

Le

Le duc de Ch... a pour coûtume, lorſque tout les autres plaiſirs lui deviennent inſipides, de faire faire une levée d'un certain nombre de beautés hardies des rues St. Honoré, de Grenelle, Maubuée, du Pélican, & autres ſemblables : pour être admiſes il faut qu'elles aient été chaſſées des autres bordels d'un meilleur ton, ou qu'elles aient pendant qnelques mois pris l'air ſalubre du château de la Salpétriere, ou d'autres ſemblables qui ſe trouvent aux environs de Paris. Cet uſage eſt une imitation ſuivant toute apparence de celui qui s'obſerve en Hanovre dans la promotion des Bas-Officiers. Il faut dans les troupes qu'un ſoldat eût paſſé au moins deux fois par les baguettes, pour pouvoir devenir ſergent. La bande une fois portée au nombre ordonné eſt conduite dans le temple dont nous avons parlé ; là on commence à régaler à peu de frais les charmantes convives. Pendant les chaleurs exceſſives de l'été, pour qu'elles jouiſſent plus aiſément de la fraîcheur des appartemens ou des boſquets, on leur ordonne de mettre à nud toutes les grâces & tous les défauts que dame Nature a répandus ſur elles : dans

cet

cet admirable coſtume elles tiennent une converſation vive & animée ; elles font differentes parties, & ſe préſentent, ſous différentes attitudes, au juge de leurs appas. On ſe met à table pour ſacrifier au Dieu du vin & à celui de la gourmandiſe, elles en ſortent pour danſer & courir comme des Bacchantes, & enfin tomber enivrées de pluſieurs délires, entre les bras des laquais robuſtes qui, imitateurs gagés de leur maître ſe livre ſans réſerve à tout ce que l'impudicité peut ſuggérer à leur brutalité.

Pendant les rigueurs de l'hiver, les mêmes ſcènes ont lieu dans cet endroit infâme, appellé avec juſte raiſon la folie du duc de Ch...s. Dans cette ſaiſon, on allume de grands feux dans la ſalle du feſtin. Les Bacchantes, rangées au tour d'une grande table, & doublement échauffées par les vapeurs des mets, des vins, des liqueurs & de l'eau-de-vie la plus forte, ſe livrent avec audace aux propos, aux attitudes, aux actions mêmes les plus indécentes.

Un fameux libertin, qui quelques fois a été de ces fêtes, s'exprimait ainſi en nous en parlant :

Un

Un jour , dit-il , je me trouvais à une de ces parties fines : le dîner fut affez bon ; le Duc, deux
hommes & huit femmes , nous étions tous nuds
comme la main ; cela ne nous empêcha pas de
faire honneur au repas : lorfqu'il fut fini, le Prince
donna le fignal pour que chacun prit fon plaifir à
fa guife : tabourets, chaifes, fauteuils, bergeres, fo-
phas , ottomanes dans un inflant furent occupés :
Monfeigneur fe promenait en long & en large , &
fon air rêveur me fit préfumer qu'il ferait fpecta-
teur oifif de tout ce qui allait fe paffer. Cependant je m'emparai d'une coquine qui m'avait beaucoup agacé , mais fon phyfique répondit de près,
fi mal à ce que j'en avais jugé de loin, que malgré
fes caréffes , auxquelles je ne répondis que ma-
chinalement, j'eus le loifir d'obferver les différentes fcènes dont j'étais environné.

Une jeune impudique d'environ quinze ans ,
placée fur un fauteuil, les pieds fous fon cul, & les
cuiffes élargies, comme une guenon, fe chatouillait,
riait à grands éclats, & fe procurait, fans aucun fecours étranger, une jouiffance qui paraiffait parfaite.

Tout

Tout à côté d'elle deux impures, couchées l'une sur l'autre, & entrelacées comme des amans passionnés de deux sexes différens, se baisaient avec la derniere lasciveté, & se frottant les parties honteuses l'une contre l'autre elles fatiguaient, usaient & outrageaient la nature.

Trois tribades s'énervaient à la fois sur une ottomane, & semblaient mourir entre les bras de la volupté. Celle du milieu poussait des cris de joie, & les convulsions qu'elle éprouva, furent si fortes, qu'elle renversa ses deux compagnes par terre, & resta seule sur l'autel où étaient empreintes les marques de mille sacrifices semblables.

L'ami du Duc, homme grand & gros, mais usé de débauche, pour ne pas faire connaître à sa chaste compagne, que dame Nature était chez lui souvent négative & difficile, la pressait lentement se tenant lui-même le cul tourné au feu.

Bientôt deux des trois tribades, dont j'ai parlé, se livrerent à de nouveaux ébats qui m'étaient encore inconnus. Jamais le divin Arétin, le charmant Bocace, l'infâme Dom-B... & leurs imitateurs foutromanes, foutrographes & foutrologues, n'ont

décrit

décrit rien d'auffi fale, rien d'auffi infâme. Ces deux
fcélérates fe paffant réciproquement les mains fous
le cul, & fe plaçant la tête l'une à l'autre entre les
cuiffes, vers l'endroit que la décence ne nous permet pas de nommer, fe procuraient-là volupté par
excellence, en chatouillant l'organe du plaifir avec
celui de la parole.

Notre plume modéfte ne fe ferait pas prêtée à
une telle defcription, fi elle ne nous eut conduits
à l'éloge de la continence du Prince, qui, dégoûté
fans doute de ces plaifirs abominables, fe contenta,
à ce que rapporte notre libertin, de gémir de pitié
fur les faibleffes & les folies de la pauvre humanité.

D'après un témoignage auffi peu fufpect fur la
vertu du duc de Ch...s, au milieu même des tenta-
tions les plus violentes, qui pourra encore ajouter
foi aux propos de fes détracteurs ? ils ont eu l'injuftice de dire qu'il jouait lui-même les plus forts
rôles dans ces orgiés ; que quelques fois, après
avoir bien bu & mangé, il s'érigeait en Priape,
& recevait, dans l'attitude heureufe où l'on repréfente ce Dieu, les vœux, les offrandes & les
facrifices

facrifices de toutes ces miférables créatures, &
qu'il prenait fur-tout un grand plaifir aux libations
des plus impures. Mais pourrait-on même foupçon-
ner ce Prince de pareilles puérilités?

Ce qu'il y a de vrai, & ce que nous pouvons affu-
rer, c'eft que ce Prince a donné quelques fois des
fêtes galantes à de jolies femmes au temple de la
Folie : il en a donné auffi à des filles d'un certain
ton, telle que la du Thé, la Michelot, &c. &c. ;
mais en cela, certainement, tout le grand crime
qu'on peut lui reprocher, c'eft de s'être rendu
adultère avec des créatures qui prodiguaient leurs
charmes ufés à quiconque avait le moyen de fatis-
faire leur cupidite ou leur lubricité infatiables. On
a dit a l'égard de ces concubines du bon ton, que,
comme le duc de Ch.. s ne les payait généreufement
ni de fa bourfe ni de fa perfonne, elles affectaient
avec lui le langage de la bonne compagnie, & un
ton de décence, qui en peu d'inftant faifait bailler
le Prince, & qu'alors il allait d'un pas léger trouver fa vertueufe époufe, dont les careffes pures &
tendres ne lui paraiffaient délicieufes que parce
qu'elles ne lui coûtaient rien. Autre calomnie !

DPourquoi

Pourquoi donc tout le monde veut-il que ce Prince foit intéreffé ? Pourquoi faire un crime à un Prince jeune, bienfait, enjoué, & qui n'eft pas encore tout-à-fait épuifé, de ce qu'il veut obtenir gratis les faveurs & les bonnes grâces des courti-fannes illuftres? L'honneur de poffeder un tel amant eft une récompenfe fuffifante pour celle dont il jouit ; & elle doit en être plus fatisfaite que d'une fortune brillante qui lui ferait offerte, & faite par un manan millionnaire.

.D'ailleurs le duc de Ch...s pouvait, avec d'autant plus de raifon, ne fe permettre aucune générofité à l'égard de toutes ces filles, qu'elles étaient déjà entretenues par d'autres feigneurs.

Que voudrait-on qu'il eût donné à la du Thé pour prix de fes faveurs? Voici la maniere char-mante dont cette courtifanne parlait de fon augufte amant : » c'eft un Silphe, difait-elle, que j'ai pour « amant; cet adorable habitant de l'air ne me laiffe « rien à défirer; je trouve le bonheur entre fes « bras, hélas! puiffe-t-il être éternel »?

La Michelot de fon côté avait-elle befoin des gé-nérofités du duc de Ch...s ? Non fans doute, elle

était

était alors entretenue aux dépens du public, par le prince Soub.... qui lui donnait vingt-quatre mille livres pour la dépenſe de ſa table ſeulement. Cette actrice admettait à ſa table tous les ribauts & ribaudes de ce tems, regnicoles & étrangers; pourquoi donc le duc de Ch...s ne s'y ferait - il pas trouvé comme un autre ? La Michelot devait être fiere des viſites que voulait bien lui faire ſon Alteſſe-Séréniſlime.

Eh pourquoi aurait-elle été plus modeſte que nombre de Gentils-hommes français & étrangers qui ſe trouvaient très-honorés d'avoir rang au Palais-royal, dans les parties de ce Prince, & de s'y ruiner entiérement ? L'honneur eſſentiel d'une courtiſanne eſt d'avoir des amans illuſtres, & de les dépouiller adroitement; l'honneur d'un ſot Gentillâtre eſt de ſe ruiner à faire la partie d'un Prince. Au reſte, le duc de Ch...s peut avoir ruiné quantité de perſonnes avec beaucoup d'honneur; & l'on aurait tort de croire qu'il ait fait uſage des leçons de Comus pour corriger la fortune. En effet, ſon imagination ſeule peut lui procurer les moyens d'augmenter encore ſes immenſes revenus ſans qu'il

ait

ait befoin d'avoir recours à une induftrie auffi baf-
fe ; & qui , dans les hommes ordinaires, eft punie
d'une peine infâmante.

Nous croyons très-inutile de chercher à juftifier le duc de Ch...s de l'imputation injufte, d'homme intéreffé , & capable de tout entreprendre
pour fe procurer un intérêt fordide : car tels font
les termes feveres dont fe fert l'Auteur du Libel
que nous réfutons.

Il eft furprenant , lui difait un jour le duc d'Orl.,
qu'un Prince qui , comme vous, approche du thrône,
& qui tient le premier rang auprès du Roi, ne
s'y occupe pas d'une maniere convenable à fa naiffance ! Je fais , pour la premiere fois, réflexion
que vous ne devriez pas refter ainfi dans une oifive-
té condamnable. C'eft ainfi que parlait le gros Duc
au Duc volupteux. Ce dernier qui ne manque pas
d'efprit, fourit de l'avis de fon pere, c'était le premier qu'il recevait de lui : fon amour-propre, cependant en fut réveillé, il y fit attention, & réfo-
lut de le fuivre par la fuite : d'autres projets , déjà
conçus, exigeaient la préférence.

Vous allez peut-être, Meffieurs, nous demander

quel

quel pouvait être le motif du duc d'Orl... en don-
nant un auffi bon avis au Duc fon fils? Nous l'i-
gnorons nous-mêmes; & un couplet fait par quelque critique du tems, ne nous en inftruit guerres
mieux, quoique certaines perfonnes prétendent y
trouver la folution de notre queftion : voici donc
ce couplet :

COUPLET,

AIR : *Des Bourgeois de Chartres*

Pefant quatre cens livres,
Monfeigneur d'Orléans
Parut, quoiqu'il fut yvre,
Avec fes Courtifans ;
Il comptait fes chagrins
Au Prélat de Touloufe :
Voyez, difait-il, nos deftins,
Mon fils vit avec des Catins,
Et moi je les époufe.

Ce couplet eft extrait d'un noël abominable,
compofé fans doute par quelque diable, lors de la
naiffance du Dauphin; nous ne l'avons cité qu'avec
horreur; ainfi l'on peut juger de la fenfation que
nous ont fait éprouver les autres encore plus abominables.

Revenons

Revenons à notre Apologie. En ce tems - là le duc de Ch...s , bien déterminé à travailler à s'immortaliser d'une maniere ou d'une autre , suivant l'avis du duc d'Orl. , s'occupa d'abord de plusieurs œconomies dans sa Maison , & donna toute son attention à un projet qu'il avait formé depuis longtems, de faire un changement total dans le Palais-royal, qui augmentât immensément ses revenus : car, comme on dit, l'argent fait tout, la paix & la guerre. Il s'imagina, comme la plûpart des Anglais, mal instruits & plein de préjugés , que le peuple n'avait pas même la faculté en France de réclamer ses droits, ni même celle de se plaindre quand un Prince attaquoit ses propriétés. Mais son Alt. Sér. oubliait pour lors que les Français vivent sous une Monarchie gouvernée par le plus juste & le plus équitable des Rois, & non pas sous un despotisme qui ne connait d'autres loix que les volontés du Tiran. Ce fut cette fausse idée qui donna lieu au grand procès que le duc de Ch...s eut à soutenir contre presque toute la capitale animée contre lui, & dont les prétendus droits n'etaient guerres bien fondés, puisque le duc de Ch...s a été

autorisé

autorifé à réduire le Palais-royal dans l'état où nous le voyons aujourd'hui, au grand regrets des particuliers propriétaires des maifons qui l'environnaient, & auxquelles le Prince avait de fon plein gré accordé des entrées dans lé jardin.

Nous ne nous amuferons pas à rapporter ici les Mémoirs faits au paravant la décifion de cette grande affaire, non plus que toutes les Pafquinades qui furent répandues dans un Public aigri, nous nous contenterons de tranfmettre à la poftérité quelques plaifanteries piquantes qui parurent à ce fujet.

L'épître fuivante nous a paru mériter d'occuper la premier place.

ÉPITRE

A SON ALTESSE MONSEIGNEUR LE DUC DE CH.....S,

Sur le changement du Palais-Royal.

C'EN eft donc fait! Eh! quoi nos plus beaux jours
obfcurcis à jamais par ton bel édifice,
vont caufer les regrets des Ris & des Amours!
Et tu l'as pu penfer! Où eft donc ta juftice?

CE jardin fi vanté, de ton Ayeul augufte,
retraçait à nos yeux l'éclat & la fplendeur:

tu

tu cherche à le détruire! est-ce ainsi que ton cœur
veut prouver à Paris que ton pouvoir est juste?

RÉVOQUE cet Arrêt, cet Arrêt si bisarre:
laisse-nous les moyens de fixer les plaisirs:
retrace à ton esprit que comblant tes desirs,
chaque soir, à minuit tu étais moins barbare.

OU pourrons-nous, hélas! mettre à l'encan
nos charmes?
Ecoute nos soupirs, écoute nos regrets:
ton projet accablant flétrit tous nos attraits:
que ta pitié t'anime & tarisse nos larmes.

SOUS ces arbres touffus, à l'ombre du mystere,
& Plütus & l'Amour couronnaient tous nos vœux;
les jeunes & les vieux recherchaient à nous plaire,
payaient chér nos baisers, & se croyaient heureux.

ILS sont tous abbattus! il n'est donc plus d'azile!
sous tes riches arcades, irons-nous désormais?
irons-nous raccrocher dans les rues de la ville!
QUIDOR à tout moment troublerait notre paix.

CE Suppot vigilant de la Police altiere,
le jour comme la nuit nous déclare la guerre,
tandis qu'en ton jardin, trouvant la sûreté,
il n'osait y troubler notre félicité

LES C... sur ton cœur, n'ot-elles plus d'empire?
Ecoute le plaisir par lequel tout respire:
loge-nous dans ton sein, protege nos ardeurs,
en échange reçois le tribut de nos cœurs.

PAR-TOUT

PARTOUT où tu voudras, au gré de ton ivreſſe,
ſavoure la jouiſſance au lieu de la tendreſſe :
Nous bénirons tes jours, illuſtre Protecteur,
ſi ton cœur attendri nous donne le bonheur.

Ce fut ainſi que les chaſtes Nimphes de la rue Fromenteau & des environs du Palais-royal exprimerent, en mauvais vers, leur vive douleur, & leurs triſtes ſupplications. Elles firent parvenir leur requête juſques ſous les yeux du Prince, qui, devenu inſenſible aux malheurs & aux attraits de ces proſtituées, eut à peine la patience de lire en entier leur longue Jérémiade.

Dès que le cœur a eu la complaiſance d'écouter la voix de la vertu, le vice emprunte en vain les formes les plus ſéduiſantes pour y reprendre ſon empire. La fermeté du duc de Ch...s n'éclatta pas moins à l'égard des habitans des maiſons qui entouraient le Palais-royal : leurs remontrances, leurs plaintes, leurs prieres ne purent l'ébranler ; les ſarcaſmes les plus ſanglans ne produiſirent pas plus d'effet, non plus que les brocards les plus piquans : ſon Alt. Sér. ſe mit généreuſement au deſſus de ces fadaiſes & ne s'occupa que de l'exécution de ſes grands projets.

E   Pour

Pour laisser à la postérité une idée du génie du peuple français de notre siécle, & de son ressentiment contre le duc de Ch...s nous allons citer une seule des plaisanteries qui furent trouvées ingénieuses, & qui firent non pas le plus de fortune, comme le dit mal-adroitement l'Auteur du Libel que nous réfutons, mais bien qui firent le plus de bruit. Telle qu'elle soit, elle pensa beaucoup coûter à son auteur, le sieur Bergny. Cet imprudent avait fait graver une allégorie en tête de laquelle étaient écrits ces mots :

LE PRINCHE CHIFFONIER

Son Altesse y était représentée avec assez de ressemblance, portant une hotte sur le dos, tenant à la main un croc, avec lequel il cherchait & ramassait, contre les bornes, des chiffons dont il emplissait sa hotte. Les vers suivans étaient au bas :

Tel est donc du Destin l'arrêt & le caprice!
Quel changement bisarre! oh cruelle injustice!
Ce matin dans le rang le plus grand, le plus beau;
ce soir de la Fortune un exemple nouveau,
moi, Prince, suis réduit, oh disgraces contraires!
à chercher dans les coins par-tout des loque à terre.

LOCATAIRE.

Tout le sel de cette insipide épigramme ne se trouve,

comme

comme on voit, que sur le dernier mot qui fournit la double idée de *Loques à terre*, c'est-à-dire
de chiffons, & de LOCATAIRES de maison, dont
on s'imaginait sans doute que les nouveaux édifices
du Palais-royal seraient longtems dépourvus.

Rien donc, ainsi que nous l'avons dit plus haut,
ne fut capable de modérer l'ardeur du duc de Ch...s
dans l'entreprise de changer la face du Palais-royal :
il adopta le plan qui lui fut présenté ; & après
avoir donné ses ordres à ce sujet, il s'occupa sérieusement du conseil que le duc d'Orl..., son pere,
lui avait donné.

La guerre qui semblait s'allumer entre la France
& l'Angleterre lui fournissait un moyen bien facile
de satisfaire son humeur guerrière, & son ambition
de ceuillir des lauriers, ou plutôt d'en mériter ; car
cette derniere expression nous paraît plus naturelle, sur-tout en parlant d'un héros qui va pour-
suivre sur mer les ennemis de sa Patrie & de son
Roi. Ce fut dans cette noble intention que le duc
de Ch...s résolut de demander, à Louis XVI, de
l'occupation sur la flotte qu'on armait, & qui devait incessamment mettre en mer.

Tandis.

Tandis que Louis, pere de son peuple, s'occupait des moyens de couvrir de gloire Lui & la Patrie, & qu'il travaillait à humilier & à affaiblir pour jamais la nation orgueuilleuse qui paraît être née son ennemie; le duc d'Orl... pensait sérieusement à faire jouer la comédie; froidement accueilli à la Cour de Versailles, il n'y paraissait que rarement, & préferait, avec raison, l'avantage d'être le premier de sa cour, & de tenir le premier rang au théâtre de Md. de Mont., à la gloire de se courber à côté du Souverain, & de mériter de lui des regards de faveur : il ne pouvait donc rien auprès du Roi pour l'avancement du duc son fils. Celui-ci rendait plus fréquemment ses dévoirs à Sa Majesté, & par une cour plus assidue s'efforçait d'obtenir un emploi dans lequel il pût se signaler & se rendre digne du rang que la naissance & la fortune lui avait donné.

Louis XVI, par sa bonté naturelle, son caractere humain & sensible, venait de mériter le surnom de JUSTE; son régne heureux versait déjà un doux oubli sur les calamités dont celui de son ayeul avait été fletri : les vertus s'approchaient

du

du trône avec plus de confiance ; & les vices conf-
terrés fuyaient l'afpect du Monarque, fe tenaient
cachés à Lucienne chez la Dubarry, & à Chatoux
chez le célèbre Meaupou, Chancélier de France.
Ceux qui ofaient refter à la Cour étaient forcés de
fe ranger à côté de leur protecteur le Maréchal
duc de Richel..., & d'emprunter comme lui la ca-
faque bigarrée de l'hypocrifie : les filles célèbres
& obfcures fuyaient la lumiere du jour, & leurs
producteurs défolés les abandonnaient pour s'occuper de leur propre fortune par des voies moins
deshonorantes.

Toutes les entreprifes du Roi paraiffaient devoir
être fuivies du plus heureux fuccès; tout confpi-
rait à fa fatisfaction parfaite : mais ce qui mit le
comble à fon bonheur fut la naiffance d'un fils,
qui, fi les vœux fervens que nous faifons pour
la Patrie, font exaucés de l'Eternel, fera à fon
tour le pere des Français, & l'héritier des vertus
& de la puiffance de fon pere.

L'Angleterre, toujours envieufe de la gloire &
de la profpérité de la France, à peu-près dans
le même tems, commença fes incurfions, & contre

la

la foi des traités., elle infulta, fuivant fon ancien uſage, le Pavillon Français. Le Roi prit de juſtes meſures pour punir les traîtres & les audacieux. Les papiers publics., & les amuſemens bruyans de la populace ont inſtruit juſques à quel point cette intention réuſſit..... Nous n'en dirons rien que ce qui pourra avoir trait à l'hiſtoire du Prince dont nous faiſons l'Apologie.

Le duc de Ch...s voyant une rupture bien décidée entre la France & l'Angleterre, crut qu'il ne pouvait choiſir un moment plus favorable pour ſolliciter la place de Grand-Amiral : il prit foin d'orner ſa mémoire de tout ce qu'il devait dire au Roi, & lorſqu'il ſe crut en état, il prit le chemin de Verſaille, où, plein de cette confiance qui eſt le préſage ordinaire du ſuccès, il tînt au Roi ce diſcours :

SIRE,

» Tout en chériſſant la paix de la Nation ; qui « forme le bonheur du peuple ſur lequel vous « régnez, je gémiſſais de l'indolence où votre « Nobleſſe ſe voyait plongée. L'envie d'une Na-

« tion

« tion de tout tems ennemie de la vôtre, a rallu-
« mé dans tous les cœurs français le defir de fou-
« tenir l'honneur inféparable de la nation. Héri-
« tier du Grand-Amiral de vos Etats, ce n'eft
« qu'avec douleur, fans être cependant jaloux du
« choix de Votre Majefté, que j'ai vu tout autre
« que moi chargé de la deffenfe de vos intérêts.
« La raifon feule m'a confolé. Je n'ignore pas les
« erremens de la difcipline militaire, & n'ayant
« aucun grade dans la Marine, je vous fupplie de
« me permettre d'en obtenir en qualité de Volon-
« taire fous le Commandant général de votre flotte,
« & de joindre à cette permiffion, celle de trai-
« ter avec mon très-cher & très-honoré Beau-
« pere, d'une Charge que je m'efforcerai de mé-
« riter par mes travaux & mon zèle à fervir Vo-
« tre Majefté ».

On ne nous a pas dit fi le Roi fut charmé ou
non de l'éloquence & de l'énergie de cette fuperbe
harangue ; mais on nous a communiqué la réponfe
de Sa Majefté, & nous nous faifons un devoir
de la tranfcrire ici avec la plus exacte fidélité.

« Je

« Je ne puis blâmer votre émulation : efforcez-
« vous de mériter les grades que vous demandez.
« Quant à la Charge de Grand-Amiral, Je veux
« que votre proposition me soit faite par votre
« Beau-pere lui-même, car je ne prétends point
« forcer sa main en aucune maniere, ni même té-
« moigner la moindre envie que cela soit ».

Le duc de Ch...s ne crut pas que cette réponse
renfermât un refus positif; il alla trouver le duc
de Pinth... & lui fit ses propositions. Le Grand-
Amiral lui répondit en ces termes : « le Roi est
« maître de disposer de ma Charge; j'attendrai
« ses ordres ». Son Alt. Sér. ne concevant pas encore le vrai sens de cette réponse, fit les préparatifs de son départ, & laissa bientôt sa tendre
épouse désolée de son absence. Il fallait courir
après les grades qui lui manquaient pour parvenir au dernier degré de son ambition. Il s'imagina que tout allait plier à sa volonté; que la
mer, les vens, les Français, les Anglais propices
à ses vœux, lui accorderaient une faveur si cons-
tante & si décidée, qu'au bout de quelques mois

il ne lui refterait plus rien à défirer. Gonflé de cette fumée qui fait les héros, il part pour Breft : à peine y eft-il arrivé que, s'imaginant faire une campagne, & même un voyage de long cours, il joint la Flotte en rade. Là, d'un œil curieux & étonné, il voit des manœuvres différentes à celles des fpectacles de Paris : il s'applique autant qu'il eft poffible à un Prince du fon rang, à fe former quelques idées de la conftruction & de la naviga-tion : fon efprit pénétrant trouve bientôt de la différence entre la coupe d'un vaiffeau de guerre, & celle d'un batteau d'huitres qui remonte la feine pour venir empoifonner les Parifiens : bientôt il voit, avec ce plaifir vif que caufe la vue d'une mer-veille, les vaiffeaux de fa Majefté marcher au gré des pilottes & des commandans, fans emprunter les fecours des chevaux, comme la galiotte de Saint-Cloud. Il apprit en peu de tems à diftinguer la poupe d'avec la proue ; les noms des mâts, ceux des voiles principales lui devinrent familiers en peu de jours : tribord, babord, fabord, virer de bord, recevoir une bordée, lâcher une bordée, prendre chaffe, donner chaffe, donner fur l'ennemi, fe battre à portée & hors de portée, prendre la fuite furent des chofes & des actions qui lui devinrent auffi familiéres que l'Opéra, la Comédie Italienne, la Comédie Françaife, la rue St. Honorée, pourfuivre une jolie femme fur le ton, vaincre une belle Anglaife proftituée, céder a une grifette, baiffer pavillon à la Folie, &c. &c. &c. Les Dugay-Trouin & le fameux Jean - Barth, joignez-y même les plus fameux Marins de notre fiécle, n'en connoiffaient pas d'avantage lorfqu'ils faifaient leur apprentiffage dans la Marine. Les affaires fréquentes font les hommes d'affaires ; eh bien, les campagnes fréquentes fur mer font les hommes de mer, & il ferait abfurde & injufte de vouloir que le duc de Ch...s eût été plus parfait marin la premiere fois qu'il fe trouva fur la Flotte Françaife, que ne l'eft un mouffe de huit ans ; car enfin chaque chofe à fon principe ou commencement.

On dit cependant à fa louange, qu'il s'était fait donner, avant fon départ de Paris, quelques leçons fur les manœuvres qui fe pratiquent dans les vaiffeaux, que la théorie indique, & qu'une lon-

gue

gue expérience enſeigne ; & que pour faire l'aiſſa-
de ſes connaiſſances dans cette partie, il entreprit de commander les manœuvres ſur le vaiſſeau
qu'il montait. Les Officiers-généraux, par pure
déférence, lui laiſſerent faire à ſa volonté ; & ſi
le haſard l'eût ſervi favorablement, ſon coup d'eſſai
eut été le plus heureux du monde.

Le 8 juillet 1778, une flotte compoſée de
trente-deux vaiſſeaux de ligne, accompagnés d'une
infinité de frégates, appareilla du port de Breſt.
Ces vaiſſeaux furent partagés en trois diviſions ;
toutes étaient ſous les ordres du comte d'Orvilliers, qui avait pour ſecond, dans ſa diviſion, le
comte de Guichen : la ſeconde diviſion avait pour
Commandant le comte Duchaffault, aſſiſté de M.
de Rochechouard : le duc de Ch..s, Prince du Sang,
était à la tête de la troiſieme diviſion, il était
ſecondé par cet Amiral, comte de Graſſe, de hon-
teuſe mémoire, & M. de la Motte-Piquet, quoiqu'Amiral, rempliſſait l'emploi de premier Capitaine dans le vaiſſeau que montait ſon Alt. Sér.
C'eſt ainſi que pour conduire un géant à la liziére,
dans ſa plus tendre enfance, deux hommes de
la

la plus riche taille suffisent à peine , & de peur
que l'enfant se casse la tête dans ses chûtes, on
le munit d'un bourlet.

Le 9 du même mois, c'est-à-dire le lendemain ,
la flotte Anglaise qui , quelque tems auparavant,
avait été devant Brest, & s'était refugiée à Ports-
mouth , remit en mer avec trente vaisseaux de
ligne, quelques frégates & deux brûlots. Il n'y avait
pas un vaisseau de cette flotte qui ne fut comman-
dé par un Marin connu par son expérience , son
habileté & son courage.

A l'imitation , peut-être, de la flotte Française ,
la flotte Anglaise fut partagée en trois escadres :
la premiere eut pour commandant sir Robert Hart-
land, Vice-Amiral de la rouge ; le Commandant
de la seconde, nommée l'escadre bleue, était sir
Hugh Palisser, Vice-Amiral ; à la tête de la troi-
sième, escadre était l'Amiral en chef, Augustus
Keppel, secondé par le contre-Amiral Campbell,
son ancien ami , Officier distingué par ses connais-
sances & la bravoure.

Ces deux flottes, les plus belles & les plus fortes
que l'Océan eut portées jusqu'alors, vinrent en vue
l'une

l'une de l'autre, le 23 du même mois, dans l'a-
près dîner. Quelle fut celle qui chercha avec le plus
d'ardeur à engager le combat ? Quelle fut celle qui
manœuvra avec ls plus d'intelligence ? Quelle fut
celle qui remporta la victoire? Ce font des queftion auxquelles l'Angleterre feule pourrait répondre avec véracité. La flotte Françaife peut fe
flatter au moins d'avoir attaqué la flotte Anglaife,
d'avoir défemparé plufieurs de fes vaiffeaux, &
d'avoir eu les apparences au moins d'un avantage
peu confidérable; mais voyons de quelle manière
fe comporta, dans cette action douteufe, la divifion, & fur-tout le vaiffeau qui étaient fous les
ordres de fon Alt. Sér. Le vaiffeau que montait
le duc de Ch...s était appelle le St. Efprit, vaiffeau
du premier rang, outre cela abondamment pourvû
de munitions de guerre, & plus encore de pro-
vifions de bouche, fuivant l'ufage des vaiffeaux qui
portent des Amiraux. Un Gentil-homme de notre
fociété, qui a navigué quelque tems avec un Amiral, trouva fort injufte le reproche fait au duc de
Ch....s, dans le Libel que nous nous efforçons de
détruire, d'avoir eu des cuifiniers, des marmitons,

de^s

dès officiers d'offices , des rotisseurs & des sommeil-
lers sans nombre. Comme si un Prince, disait-il ,
était moins Prince à bord d'un vaisseau que sur
terre ! La Patrie , continuait-il , doit à tel prix
que ce soit procurer aux marins , suivant leur
naissance & leur rang, tous les besoins & tous les
plaisirs qui sont en son pouvoir , aussi grands &
aussi dispendieux qu'ils puissent être; rien ne peut
compenser les dangers & les peines que souffrent
ces braves gens sur cet élément cruel , où pour
l'ordinaire toujours environnés de craintes & de
maux, ils sont privés des douceurs de la vie , de
la jouissance des femmes, des enfans, des amis, de
la Patrie & de l'Opéra.

C'est avec une injustice égale qu'on reproche à
son Alt. Sér. d'avoir fait une ample provision de
tapis & des cartes : à quoi veut-on donc qu'un Prince passe son tems sur mer ? Boir, manger, dor-
mir sont des nécessités indispensables à la conservation de l'homme, mais ces mêmes nécessités n'ab-
sorbent pas tous les momens de notre existence.
Veut-on qu'un Prince qui doit être Grand-Amiral de France , suive servilement la marche d'un
pilotin

pilotin qui, pour parvenir premier pilote, n'a dans la tête que gouvernails, bouffoles, cartes, compas, livres de Loq, &c. &c.? Tous les amu-femens poffibles font permis dans un vaiffeau, pour-vu que le fervice n'y foit pas négligé, & que l'in-telligence & le courage fe trouvent réunis quand l'occafion s'en prefente : peu importe que l'on boi-ve, mange, que l'on danfe ou qu'on joue, pour-vu que l'on batte l'ennemi quand il fe préfente, & qu'on couvre fa Patrie, fon Roi & foi - même des lauriers de la bravoure & de la victoire. C'eft ainfi fans doute que raifonnait le duc de Ch...s, lorfque, favorifé par le hafard, il ruinait au jeu les Officiers de fon équipage, & ceux des vaif-feaux de fa divifion, qui s'expofaient à venir faire fa partie.

Quoiqu'il en foit, & qu'on en puiffe dire, tout allait pour le mieux dans l'efcadre commandée par le duc dn Ch...s, & conduite par fes tuteurs, lorfque le combat s'engagea.

L'Amiral Anglais plein de préjugés & d'amour-propre, & en même tems dans le deffein d'affu-rer ceux qu'il commandait de la victoire, avait fait

préparer

préparer une chambre très-propre & très-com-
mode dans le vaiſſeau la Victoire , qu'il commandait , pour y recevoir ſon Alt. Sér. : avec cette
noble fierté ordinaire à tous les Conquérans , ſa
bravoure & ſon intelligence dans la Marine ,
l'avaient induit à la perſuaſion que le duc de
Ch...s ſerait infailliblement ſont priſonnier. Pour
y réuſſir , il dirigea ſa courſe & ſon feu ſur le St.
Eſprit qui lâchait , hors de portée , à tort & à tra-
vers mainte-&-maintes bordées. M. de la Motte-
Piquet , capitaine à bord de ce vaiſſeau le St. Eſprit , Officier brave & intrépide , expérimenté &
vraiment homme de mer , déſira commander la
manœuvre , mais le duc de Ch...s n'y conſentit
point , voulant qu'on attribuât à lui ſeul la gloire
& l'avantage d'avoir , par ſon courage & ſes ta-
lens , rabbatu l'orgueil du préſomptueux & audacieux Keppel. Cependant les manœuvres com-
mandées & exécutées de part & d'autre rappro-
cherent beaucoup les combattans : bientôt le St.
Eſprit ſe trouva dans le plus éminent danger d'être
ou coulé à fond ou d'être pris ; la prudence & la
valeur de ſon Alt. Sér. & celle de M. de Graſſe ,

ſe

fe trouverent infuffifantes à la circonftance, & fur-
tout au feu des ennemis qui les chauffaient de très-
près. Cependant l'Amiral Français s'apperçoit de
la détreffe du St. Efprit, lui fait des fignaux utiles
& néceffaires; mais la terreur avait aveuglé les
Commandans qui fe croyaient fans doute avant le
combat, dans une efpèce de camp de réferve, c'eft
à-dire qui étaient dans la plus grande fécurité;
perfonne ne voit les fignaux donnés, perfonne n'y
répond, on commence même à ne plus ripofter au
feu de l'ennemi; on fe replie fans favoir où l'on va,
fous la feconde divifion, au lieu de reprendre fa
place, & de continuer bravement le combat, &
par une manœuvre fauffe, mauvaife & digne de
blâme, le St. Efprit allait devenir la proie des Anglais fi le vaiffeau le Languedoc ne fût accouru à
fon fecours, & ne l'eût couvert entièrement
de l'ennemi, dont il reçut lui-même tous les
efforts pendant que le duc de Ch...s fe retira du
mieux qu'il put, jurant fans doute, qu'on ne l'y re-
prendrait plus.

Par tout ce qui vient d'être dit, on voit bien
que l'on ne peut reprocher au duc de Ch...s, dans

G cette

cette affaire, que l'ignorance de la Marine & un défaut de docilité ; quant à son courage, on ne peut le révoquer en doute, puisqu'il est vrai, suivant l'assertion de témoins oculaires, que son vaisseau commença à tirer des premiers, avant même que l'ennemi fût à portée de voir ou d'entendre le feu de ses batteries. Il s'est trouvé cependant des calomniateurs insignes assez animés contre ce Prince pour oser dire que, durant tout le tems de l'action, c'est-à-dire tant qu'il y eut du danger à se tenir sur les ponts, il était dans la calle entre les bras du comte de Genl..., son tendre ami, lequel, peu accoûtumé lui-même aux concerts de semblables instrumens, faisait avec lui un duo de crainte, & représentait la scène la plus attendrissante. Enfin chaque vaisseau reprit sa place en bon ordre ; le courage revint à ceux qui avaient été intimidés faute d'usage ; & à sept heures du soir, les Français & les Anglais, contens les uns comme les autres d'avoir battus leurs ennemis, & remporté une victoire signalée, firent voile & se quittèrent pour aller réparer leurs dommages les uns vers Brest , les autres vers Ply-

moult

-moutlh, où ils furent acceuillis aux acclamations de joie du Public, comme les reſtaurateurs de la gloire & de la ſûreté de leurs Patries reſpectives.

La Flotte Françaiſe une fois rentrée à Breſt, le duc de Ch...s ne penſa plus qu'à retourner à Paris. On lui avait fait à croire qu'il s'était comporté, ſans s'en douter, avec le plus grand héroiſme, & qu'il méritait les plus grands éloges & du Roi & de toute la France: Plein de cette idée, qu'il avait lui-même peine à nourrir dans ſon imagination, il partit le plutôt qu'il lui fut poſſible de Breſt pour Verſailles, où il arriva le premier août. Le Roi, peut-être par un preſſentiment dont on ne peut rendre raiſon, ne lui fit qu'un aſſez froid acceuil, malgré les détails circonſtanciés de la victoire douteuſe remportée ſur les Anglais, dans la journée du 27 juillet précédent.

Cette réception n'ayant rien diminué de la ſatisfaction intérieure du duc de Ch...s, il vînt tout triomphant à Paris, le 2, & deſcendit à ſon Palais ſur les cinq heures du ſoir. Tous ſes appartemens étaient remplis de courtiſans qui l'attendaient. Les eſcaliers - même étaient ſi pleins de

monde

monde qu'il eut peine à monter dans ses appartemens. L'abbé Delaunay lui avait préfenté, à la
defcente de fon caroffe, une piéce de vers inti-
-tulée BULLETIN DU PARNASSE, qu'il ne fe
donna pas le tems de lire; & nous nous faifons
un vrai plaifir de publier ici qu'il facrifia quelques inflans entre les embraffemens de fa digne
époufe & de fes charmans enfans, avant de voler
à fon cher Opéra. Là, il s'attendait bien de re-
cueillir de nouvelles acclamations qui mettraient le
comble à fa gloire & à fa fatisfaction. Il parut
d'abord fur fon balcon avec Madame la Ducheffe:
le peuple, en les voyant, exprima par des cris
de joie le plaifir que cette fcène lui caufait. Le
Prince fe rendit enfuite à l'opéra : tous les fpectateurs fe levèrent & l'applaudirent pendant près
d'une demie-heure. L'orcheftre joignit fon bruit
à celui de l'affemblée, & exécuta de bonne foi
une fanfare triomphale. On avait, dit-on, délibé-
ré de lui préfenter une couronne ; mais quelqu'un
plus fage que les autres, propofa de différer ce
dernier acte de triomphe, jufqu'à ce que la Renommée eût publié, avec fa trompette véridi-
que,

tique, les circonſtances du combat, & l'avantage de la victoire.

Cette ſage repréſentation n'empêcha pas que l'on exécutât un concert ce ſoir même chez le Prince; Mlle. Arnoux & l'Arrivée y déployerent tous les charmes de leurs voix, & toutes les grâces de leurs individus. Le zèle & l'enthouſiaſme de la première, en chantant ſon héros, furent ſi grands, que ſa voix ne correſpondant pas avec ſon cœur, elle fut huée à pluſieurs repriſes.

Les vers préſentés à leurs Alt. Sér. étaient de la compoſition du ſieur Moline, qui les avait aſſaiſonnés des flatteries les plus plattes & les plus fades, & d'hiperboles du dernier ridicule.

La Comédie Italienne, que le Prince honora dès le lundi ſuivant, pour ne pas perdre la gloire d'y être loué & complimenté, avait fait un compliment qu'elle exécuta avec beaucoup d'eſprit; mais il était plus relatif au plaiſir qu'elle reſſentait du retour du Prince, qu'à la victoire qu'il avait remportée. Ce même ſoir quelques habitans des environs du Palais-royal, & pluſieurs perſonnes fonnes qui font attachées à ce jardin, comme des chenilles à l'arbre où elles ont pris naiffance, fe cottiférent pour y donner une pitoyable mufique, & y faire exécuter un trifte feu d'artifice. Toutes les fenêtres qui donnaient alors fur le jardin furent illuminées; la populace eut la liberté d'entrer même dans les appartemens, & la licence fut fi grande dans le jardin, que les orgies & les bacchanales n'offrirent jamais aux Payens des tableaux plus obfcènes.

La Princeffe fenfible aux démonftrations d'applaudiffemens & de fatisfaction d'un peuple en délire, & partageant la gloire & la joie de fon cher époux, ne put fe refufer à fe promener cette nuit dans le jardin. Mlle. Arnoux inftruite du moment où leurs Alt. Ser. paffaient fous fes fenêtres, s'efforça de réparer l'honneur de fon gozier en célébrant de nouveau leur gloire; & elle y réuffit de la maniere la plus heureufe.

Le lendemain le duc de Ch...s fe trouvant encore à l'Opéra, reçut un nouveau grain d'encens que lui offrit l'Arivée dans le rôle de Ricimer de l'Ernelinde.

Ce fut ainfi que le duc de Ch...s, mal inftruit,

lui-

lui-même fur fon propre mérite, s'enivrait à longs
traits de louanges flatteufes qui devaient bientôt
fe transformer en reproches & en ridicules, &
prenait des couronnes de fleurs & de feuilles ar-
tificielles pour des couronnes de laurier.

Nous ne finirions pas fi nous voulions donner
même un précis des folies auxquelles le peuple
crédule s'abandonna dans fon enthoufiafme; nous
n'en citerons qu'une feule. Des Badauts, fans-
doute attachés à la Maifon du duc de Ch....s,
avaient habillé un manequin, pour figurer l'Amiral Keppel, qui, fuivant eux, avait été le champion que fon Alteffe avait vaincu : un faifeur de
plats impromptus compofa, en ce tems, une complainte fur la défaite de cet Amiral : cette char-
mante complainte fut chantée avec tous fes agré-
mens en préfence de leurs Alt. & d'une affemblée
innombrable : mais ce qui excita encore plus les
battemens de mains & la fatisfaction des fpectateurs, fut la tragédie pour rire qui fuivit im-
médiatement les triftes couplets : Keppel fut mis
dans un tombereau, & après y avoir été bien baf-
foué, avoir reçu toutes fortes d'injures, d'infultes
& d'imprécations, quatre badauts, dans un accès

de

de frénéfie, le jetterent à l'eau , dans le baffin. D'autres fots, pour aggraver encore le fort malheureux du pauvre mannequin Keppel , le chargerent des chaifes & des pierres qu'ils trouverent fous leurs mains.

Tandis que toutes ces fêtes fe donnaient à Paris , les ports de France , & dejà quelques villes de l'intérieur du Royaume, retentiffaient de chanons faites à la gloire du duc de Ch...s, de l'Amiral d'Orvil... & du Miniftre de la Marine. Le fils d'un Négociant de Bordeaux, dont le nom PERLCY doit à jamais être confervé dans les regiftres de la Mémoire , inventa les couplets fuiyans qui furent chantés dans toutes les provinces méridionales, par les petits & les grands, par les nourices mêmes pour endormir leurs enfans.

Air *C'eft la Fille a Simonette.*

ECOUTEZ bien la nouvelle
que je vais vous raconter :
le récit eft très-fidelle,
vous pouvez tous y compter :
il s'agit de notre gloire,
de valeur & de fuccès,
dès qu'on parle de victoire
çà regarde les Français.

D'Orvilliers

D'Orvilliers, hors de la Manche,
arborait depuis longtems
pavillon à flâme blanche,
entouré de braves gens.
Keppel paraît, on le pique,
malgré ce qu'on en dit,
il va, comme un hérétique,
attaquer le SAINT - ESPRIT.

Aifément on imagine,
qu'en voyant ce furibond
le Saint-Efprit l'illumine
d'une nouvelle façon :
d'Orl. qui vient combattre,
faifant pointer fes canons,
fe bat comme un Henri-quatre,
c'eft l'ufage des Bourbons.

D'Orvilliers qui partout veille.
chauffe l'Anglais Amiral,
qui baiffe bientôt l'oreille
devant l'affreux bacanal.
Que faire ? A quoi fe réfoudre ?
il fe fauve au fil de l'eau :
difant qu'il a vu la foudre
embrâfer tout fon vaiffeau.

Pourfuivant ce téméraire,
nos trois braves Géneraux,

H   fur

fur les côtes d'Angleterre ;
ont fait briller leurs fanaux.
Keppel, en rufe fertile,
a bientôt fçu leur prouver
qu'un marin, vraiment habile,
fans fanaux peut fe fauver.

SART... accourt de Verfailles,
la joie était dans fon cœur.
Louis apprend la bataille,
avec le nom du vainqueur :
quel doux tranfport d'allégreffe
produit cet exploit fameux!
tout lui plaît, tout l'intéreffe
dans fes fujets valeureux.

D'un avenir bien finiftre,
je vois l'Anglais menacé :
laiffons faire ce Miniftre
il a fi bien commencé :
avant la fin de la guerre,
il fera, je le prédis,
la Police en Angleterre,
comme il l'a faite à Paris.

Nous laiffons au Lecteur, inftruit & impartial,
le jugement du mérite de cette chanfon char-
mante,

mante, qui a fait tant de bruit dans la France, &
tant de fenfation dans l'efprit du duc de Ch..s.
Tout y refpire le bon goût, tout y eft vrai, tout
y eft exprimé d'une maniere tout-à fait nouvelle.

Parmi une infinité de chanfons du goût de la
précédente, il s'en trouva encore une qui ne peut
manquer de tranfmettre dans les fiécles à venir,
l'illuftre mémoire du duc de Ch...s. Celle-ci fut
intitulée,

LE DÉJEUNER
ANGLAIS.

Air : JUPIN UN JOUR EN FUREUR.

J'AI fouvent fait réflection
que le matin d'une victoire,
tous les favoris de la gloire
avaient un fommeil profond :
ainfi Condé, tel Alexandre,
aux champs d'Arbelle & de Rocroi,
dormaient dans la bonne foi,
dormaient dans la bonne foi,
qu'on devait les attendre.

Monfeigneur il faut vous lever,
dit Foiffi, chaud comme une braife;

Foiffi, Ecuyer de Son Allteffe-Sér.

l'Amiral

l'Amiral de la Flotte Anglaife
vous demande à déjeuner.
Quoi, dit Bourbon, cet hérétique
vient vifiter le SAINT-ESPRIT !
par ma foi , fans contredit ,
l'aventure eft unique.

Qu'on s'apprête à le fêtoyer ,
dit Bourbon à fon équipage ;
pour maître-d'hôtel de paffage
je choifis un canonier :
l'Amiral arrive , & s'étonne
de trouver tout prêt le repas ;
on traite jufqu'aux goûjats ,
car Monfeigneur l'ordonne.

Pour mieux régaler les Anglais ,
on joignit à la bonne chère ,
un excellent vin de Tonnerre,
que Mars fit tirer tout exprès.
Les têtes anglaifes tournèrent
pour avoir vuidé maint flacon.
Parbleu ! le vin était bon,
mais beaucoup en crevèrent.

Keppel rentrant fur fon pallier,

n'avais

n'avait non plus tête fort faine ;
foit trop de boiffon, foit migraine,
il tomba dans l'efcalier :
pour le remettre dans fa route,
Bourbon ordonne en quatre mot
qu'on allume les falots,
Keppel n'y voit plus goûte.

Il faudrait vraiment n'avoir aucune connaiffan‑
ce ni des beautés, ni des grâces de la Poëfie Fra‑
çaife, ni même de la richeffe de cette Langue ,
pour ne pas s'arrêter d'admiration à chaque |vers
de cette chanfon . dont prefque chaque mot eft
une épigramme dès plus heureufes.

On jugera bien autrement fans doute, & avec
raifon, de l'infipide & méchant Vaudeville que
compofa un Poëtereau envieux certainement du
fuccès & de la gloire du duc de Ch...s. Cette pro‑
duction calomnieufe vola fur les aîles de la Re‑
nommée, paffa de main en main, d'oreille en
oreille, de bouche en bouche; & après avoir par‑
couru la Capitale & les provinces, parvînt-même
jufques à la Cour, où elle fut, dit-on, fort accueil‑
lie, & très-goûtée, tant eft grande la dépravation

du

du goût & des mœurs : on assure-même qu'elle fut
chantée à table en plusieurs petits comités. L'Auteur porte la raillerie piquante jusques dans l'air-
même de son Vaudeville qu'il adresse à son Alt.-
Sér.

Air : *Des Revenans.*

VOUS faites rentrer notre Armée,
l'Angleterre, très-allarmée,
vous en louera :
& vous joindrez à ce suffrage,
les lauriers & le digne hommage
de l'Opéra.

✻

Quoi ! vous avez vu la fumée !
Quel prodige ! la Renommée
le publiera :
revenez vîte, il est bien juste
d'offrir votre personne auguste
à l'Opéra.

✻

Tel cherchant la Toison fameuse,
Jason sur la mer orageuse
se hasarda,
Il n'en eut qu'une, & pour vos peines,
il vous en promets deux douzaines
à l'Opéra.

✻

Chrs

Chers Badauts, courez à la fête ;
parmi vous criez à tue-tête,
    Bravo ! Brava !
cette grande action de guerre
eſt telle qu'il ne s'en voit gueres
    à l'Opéra.

Grand Prince pourſuis ta carriere,
franchis noblement la barriere
    de l'Opéra.
par de ſi rares entrepriſes,
à jamais tu t'immortaliſes
    à l'Opéra.

Qui pourra jamais croire que des Français de la premiere claſſe, & du plus haut mérite, aient trouvé dans de telles platitudes, le ſel de nos anciens, la gaieté & la fine raillerie françaiſe ; & que le comte de Maurep. lui-même, qui déteſte les plaiſanteries, ait pris plaiſir à les entendre, à les lire, à les chanter ! D'un autre côté, l'Auteur téméraire du Noël abominable, dont nous avons parlé au commencement de notre preſent Ouvrage, met dans la bouche du duc de Ch...s le couplet ſuivant :

AIR : *Des Bourgeois de Chartes*

Ch...s diſait : l'Hiſtoire
               s'occupera

s'occupera de moi.
La plus brillante gloire
couronne mes exploits :
je voulais essayer
d'adoucir l'onde amère,
ma Flotte a si bien manœuvré,
qu'elle n'a fait pendant l'été
que de l'eau toute claire.

Ce qu'il y a de singulier, c'est que pendant que ces choses se passaient en France, l'amiral Keppel, & les autres Amiraux Anglais rentrés dans leurs ports, avec toute l'apparence fastueuse de Conquérans, recevaient dans la Capitale & la Cour les acclamations, les lauriers, les récompenses, les fêtes & les noms de libérateurs de la Patrie, & conservateurs de la gloire du pavillon Anglais. On célébrait, de la maniere la plus solemnelle, la défaite de la flotte Françaife mise en fuite dans l'état d'un désastre irréparable ; & l'on publiait tout haut que le St. Esprit n'avait échappé qu'à force de voiles, & parce qu'il avait été couvert par la bravoure du capitaine du Langue-doc.

Bientôt le Tems qui n'aime pas que la Vérité soit couverte du voile le plus léger, & qui

au

au contraire a grand foin de le déchirer, pour avoir le plaifir de la faire voir toute nue, la découvrit aux yeux perçans de la Renommée. Toute l'action de la journée de Oueffant fut foumife à fa curiofité, & bientôt elle en informa toutes les Nations. Cependant, malgré fon rapport fidelle, l'Angleterre ne pouvant plus fe vanter d'une victoire remportée, fe flatta que la flotte de fon ennemi aurait été detruite fi l'Amiral Hugues Palifer avait obéi aux fignaux qui lui avaient été faits par Keppel de fe remettre en ligne pour renouveller le combat. Et pour donner de la vraifemblance à l'avantage prétendu qu'elle s'attribuait, elle s'imagina d'engager Keppel & Palifer dans un procès dont la fin n'éclaircit aucuns faits plus que les rapports douteux des deux parties en conteftation.

La France de fon côté, dans l'impoffibilité d^e prouver que fa flotte avait remporté la victoire fur les Anglais, fe contenta de dire qu'elle avait mis leurs vaiffeaux hors d'état de continuer la campagne, & dans la néceffité de rentrer dans leurs ports fans fanaux & fans bruit ; & le comte d'Orvil. jouant le

I

même

même rôle que Keppel, assura que la victoire ne
lui était échappée que par la faute du duc de Ch..s
qu'il accusa sans aucun égard, ne n'avoir pas répon-
du aux signaux qui lui avaient été faits, d'avoir
évité le combat dans un tems utile, & d'avoir, par
de fausses manœuvres, & en ne gardant pas l'ordre
de bataille, empêché une partie de la flotte Française de combattre avec avantage, parce qu'elle
était, dans le fort de l'action, occupée à le mettre à couvert du feu de l'ennemi, qui, sans la
résolution & la valeur de ses équipages, eût coulé
à fond, ou pris le St. Esprit & son illustre Commandant.

Ce fut d'après ces plaintes & ces éclaircissemens
que le peuple revenu de son enthousiasme vit les
choses bien différentes de ce qu'un premier rapport, & un premier coup d'œil lui avaient offert.
La consternation & le découragement succédèrent
aux cris de la victoire; les brocards, les couplets,
les épigrammes succédèrent également aux louanges & aux triomphes prématurés; le Héros dispa-
rut, & l'on ne vit plus qu'une ombre triste revenir constamment à l'Opéra.

Quoiqu'il

Quoiqu'il en soit, en supposant que l'accusa-
tion de M. d'Orvil. contre le duc de Ch...s paraisse
fondée, elle n'est cependant pas juste ; il est vraiment
exempt du blâme dont on cherche à le couvrir :
les seuls coupables sont les officiers commandans
sous son Alt. Leur expérience consommée devait
suppléer à celle qui lui manquait ; leur courage
devait féconder son ardeur ; la prudence ne devait
pas errer par déférence pour ce Prince peut-être
trop hasardeux. Nous ne pouvons nous empêcher
de dire ici que la conduite de son Alt. Sér. , dans
toute cette affaire, où il était absolument neutre ,
ne méritait en général ni eloges ni reproches.

Cette disgrace l'humilia d'autant plus sensible-
ment, qu'elle lui fit perdre tout à la fois l'espoir
de devenir bientôt Grand-Amiral , & le goût de
retourner en mer.

Cependant pour ne das rester dans l'inaction ,
le duc de Ch...s demanda & obtint la charge de Co-
lonel général des Hussards & troupes légeres. Ce
commandement lui convenait d'autant mieux, qu'il
est habile écuyer, & qu'il aime passionément les
chevaux. Il ne tarda pas à aller à la tête de son corps,

&

& à force de le faire manœuvrer, il y prit ce goût décidé pour les beaux chevaux & les courses, qui depuis quelques années font devenues pour lui un amufement très-lucratif, & pour les oififs de la Capitale un fpectacle affez mauffade.

Ces courfes cependant n'empêchercnt pas le Prince de revoir de tems en tems fes anciennes connaiffances de l'Opéra & autres; il y eut eu de l'inconftance de fa part, & même de l'ingratitude, car toutes les filles l'avaient loué à l'envie l'une de l'autre, & avaient témoigné la joie la plus vive & la plus fincere de fon triomphe; au point même que l'on aurait cru, en voyant leur délire, qu'elles partageaient la gloire du héros dont elles avaient, au paravant fa victoire, partagé les plaifirs.

Mais revenons anx courfes : quelques perfonnes prétendent que ce ne fut ni fa nouvelle Charge, ni les manœuvres des huffards & troupes légeres qui développèrent en lui le germe de fa nouvelle paffion ; c'eft-à-dire de cette paffion pour les chevaux & les courfes : elles prétendent au contraire que ce développement fingulier fut l'effet de la fumée du feu des vaiffeaux Anglais dans le combat d'Ouef-fant.

fant : c'eſt ainſi, aſſurent ces Meſſieurs, que de ſim-
ples vapeurs infeétées & empoiſonnées, ſorties du
ſein de la terre dans un pays, volent au loin éten-
dent leurs ravages, & donnent la mort à quiconque les reſpirent. C'eſt ainſi, continuent-ils, que
dans la Bithinie le vent de nord fait ſa cour aux
belles jumens, les careſſe, & qu'elles ſont emplies
ſans autre ſecour que celui de ſon ſouffle. C'eſt ainſi, enfin que . . . . mais voilà aſſez d'autorités pour
faire croire au moins que l'idée de ces Meſſieurs
peut être fondée ſur quelque vérité ; pour nous,
nous ne ſommes pas aſſez grands Phyſiciens pour
oſer porter notre jugement ſur une matiere auſſi
peu connue.

Quoiqu'il en ſoit ſon Alt. Sér., poſſédé de la
manie Anglaiſe, commença à faire venir de Londres, tous les linges, habits & hardes à l'uſages de
ſon corps, des voitures, des chevaux, des jocqueis,
& s'amuſa ſouvent d'une maniere délicieuſe, dans
l'incognito le plus grand, ſous la forme d'un pal-
frenier.

Ce fut lui qui apporta, par ſon exemple, non-
ſeulement les modes des Anglais, mais encore leurs

manieres

manieres, & fur-tout celles qui font leurs caracté-
riftiques reconnus par toutes les Nations de l'Europe.

C'eft également à fon Alt. Sér. que nous devons
l'ufage nouvellement adoptés par les honnêtes femmes, les femmes entretenues & les fats, jeunes fou,
vieux, d'avoir jour & nuit à leur fuite pour mer-
cure, pour adonis ou pour ganimède, de jeunes po-
liffons ramaffés dans les bouës de Paris, vêtus &
coëffés à l'Anglaife.

Il ne faut pas confondre les jocqueis, dont nous
venons de parler, avec ceux que le duc de Ch..s fit
venir de Londres pour monter fes chevaux de courfe. Ceux-ci n'étaient point empruntés, ni trouvés;
ils étaient payés comme gens qui favaient leur mé-
tier, & fur lefquels on pouvait faire fond en partageant avec eux, comme de raifon, le bénéfice
du commerce.

La critique a encore trouvé à dire à cet amufement du duc de Ch...s. Mais les perfonnes qui n'ont
contre fon Alt. Sér. aucun préjugé defagréable, ne
peuvent s'empêcher de l'admirer & de le louer de
ce qu'il joint toujours, même dans fes amufemens,
l'utile à l'agréable.

Nous

Nous ne comparerons pas les courſes, dont nous avons parlé ci-deſſus, avec ces courſes ſi fameuſes dans la Grèce & à Rome ; dans leſquelles les Dic-tateurs, dans des chars de triomphe, s'efforçaient de ſe ſurpaſſer eux-mêmes, pour faire connaître aux peuples leur valeur, leur force & leur adreſſe ; & dans leſquelles déployant, à ces mêmes peuples, toute leur pompe & leur magnificence, ils leur im-primaient le reſpect & l'obéiſſance. Deux mots ſeuls ſuffiront pour faire voir que la comparaiſon ſerait choquante.

Des jocqueis Anglais ſont les héros qui ſe diſ-putent la palme d'avoir le cheval le plus leger ou le plus heureux ; voilà en quoi conſiſtent les courſes d'aujourd'hui.

C'eſt donc par le moyen des jocqueis & des che-vaux Anglais, que les Princes ſe diſputent l'avanta-ge de gagner les gajures cónſidérables qui ſe font entr'eux, & dont le prix eſt accordé ſeulement à l'habileté des jocqueis & à la ſoupleſſe des jarets des courſiers.

Le haſard qui ſervit toujours le duc de Ch...s à ſouhait, ne ceſſe de le favoriſer encore dans ces

courſes ;

courfes : il eft rare qu'il y perde ; & il gagne fréquemment des fommes confiderables. Le comte
d'Art... l'éprouva à fes dépens ; un jour ce Prince
ayant prié le Roi de s'intéreffer avec lu. dans un
pari fait avec le duc de Ch...s ; Sa Majcfte lu; répondit en ces termes : j'y rifquerai volontiers un petit
écu. Leçon charmante que faifait le Roi à fon frere
de ne plus s'expofer à des pertes prefque certaines.

Le Libel infâme que nous avons fous les yeux, &
auquel nous engageons nos lecteurs chrétiens de n'a-
jouter aucune foi, prétend que la fraude avait plus
de part que toute autre chofe dans les fuccès du
duc de Ch...s aux courfes. Il faifait, dit-il, propo-
fer en fous-main, à une perfonne, des paris ine-
gaux dans lefquels il s'intéreffait d'un dixieme, tandis qu'il était de moitié dans le parti contraire.

Mais en fuppofant même que cette allegation
fût vraie, le duc de Ch...s ne ferait pas plus condamnable que les autres Princes ou Princeffes qui
trichent habituellement au jeu. Si les uns trompent
pour gagner dans leurs amufemens, & y trompent
impunément ; pourquoi cet avantage ferait-il refufé à fon Alt. Sér. ? Cela ferait auffi injnfte que fi l'on

faifai

failait un crime aux grands Seigneurs de se trom-
per tous les jours, réciproquement, dans le commerce qu'ils font actuellement de leurs chevaux &
de leurs voitures. Tout le monde sait qu'il y aurait
de la stupidité à se faire le plus léger scrupule de
manquer à la bonne foi dans ces sortes de marchés.

Tandis que le duc de Ch...s s'amusait ainsi aux
courses des chevaux anglais, dont il sortait presque
toujours victorieux ; il ne s'occupait pas moins sérieusement de l'exécution de son nouveau Palais-
royal : il en avait cependant remis le soin principal
à un certain sieur Seguin, homme tout dévoué à
son Alt. Sér. , qu'il servait avec zéle de tout son
pouvoir. Il était sorti de sa province pour certain
démêlé férieux qu'il avait eu avec un Lieutenant-
criminel ; il y avait quelque tems qu'il battait le
pavé de Paris, fur lequel il végettait à peine, lorfque la fortune, fatiguée de le maltraiter, le mit
fous les yeux du Général des hussards, qui l'employa d'abord à la découverte des objets qui pour-
raient contribuer à ses plaifirs. Cette charge ayant
approché Séguin de la personne du Prince, &
l'ayant même rendu affez familier, il confeilla à

K   fon

ſon Alt. Sér. de demander au Conſeil, des Lettres Patentes qui l'autoriſaſſent à perçer & former trois rues ſur le terrein du Palais-royal : il ne ſe contenta pas d'en préſenter un plan magnifique au Prince, mais il lui donna en même tems l'état du bénéfice immenſe qui en réſulterait pour ſon Alt., qui ne manqua pas, en homme prudent, de l'approuver, de l'agréer & d'en ordonner la plus prompte exécution.

Le Public pour lors, ainſi que nous l'avons déja dit, fit des plaintes amères, mais inutiles, contre une telle entrepriſe; il ſortait mille ſarcaſmes, mille injures, mille imprécations de deſſous les racines de chaque arbre qui était arraché. Le fameux arbre de Cracovie fit verſer, dans ſa chûte, les larmes de cent & cent vieux radoteurs; ſa deſtruction fut annoncée dans les Journeaux; & les plus mauvais burains de la Capitale ont été employés à faire gémir le cuivre pour en perpetuer le ſouvenir à la poſtérité la plus reculée.

Mais le Tems qui verſe le beaume le plus doux ſur les bleſſures que les regrets & la douleur font ſur les cœurs des hommes, commence à tranquilliſer lifer l'efprit du Public, qui voit avec plaifir & étonnement un petit jardin déja formé, dans lequel il jouira, dans une vingtaine d'années, d'un ombrage agréable : en attendant il pourra prendre le frais fous les portiques qui reignent à l'entour, & s'y mettre à l'abri des injures du tems : fon œil eft déjà flatté par la majefté de tout l'édifice, mais particulierement par fon couronement, dont on ne vit jamais le pareil que fur de grands magafins. Une perfonne de notre Société, qui s'y promenait il y a environ trois mois, nous dit avoir entendu un admirateur dire à un homme diftingué, qui lui demandait fon fentiment fur cet édifice ; qu'il était d'autant plus admirable à fes yeux, qu'il lui femblait voir une nouvelle république compofée de gens de l'efpèce des premiers Romains, auxquels l'enlèvement des femmes du voifinage ferait cependant inutile, parce qu'il y entrerait vraifemblablement plus de put... que de héros : qu'à l'égard des ornemens, il les trouvait très-refpectables, puifque c'était des fleurs-de-lys, des branches de chêne, de laurier, d'olivier & des attributs de Mars : mais, qu'il aurait préféré d'y voir, relativement aux habitans

bitans qui en occuperaient les logemens, des attributs de la Vénus proftituée, & fur-tout des couronnes allégoriques à l'imitation de celle fous laquelle on repréfente Céfar, & qui aulieu d'être de
feuilles ou de branches de lauriers, &c. était formée de c. . . . attachées les uns aux autres par leurs
p. . . ., ce qui devait donner à cet Empereur un air
tout-à-fait refpectable.

Pour nous qui ne fommes pas difficiles, nous
trouvons que le nouveau Palais-royal, tout léger
tout joli, peut bien refter tel qu'il eft, & que le
Public doit s'en contenter pour le prix qu'il lui
coûte : & que ce même Public a eu grand tort de
fe déchaîner, comme il a fait, contre fon Alt Sér.
pour quelques vieux arbres, dont grand nombre
périffait chaque année.

On aurait peine à croire jufqu'où fut pouffée l'i-
nimitié publique, & combien le duc de Ch...s
éprouva de défagrément, non mérités, à ce fujet :
nous allons en citer un qui ne fut pas le plus léger.

Le Roi s'entretenant un jour, avec le duc de
Ch...s, d'une comédie intitulée le Roi de Cocagne,

qui

qui fe jouait alors à la Comédie Françaife, & qui faifait courir tout Paris, Sa Majefté lui dit : ce Roi de Cocagne fait bien des folies ; mais je fuis perfuadé, M. le Duc, que, malgré fes extravagances, vous ne fauriez lui refufer de la prudence. En quoi donc, Sire, répondit fon Alt. Sér. ? c'eft, répliqua Sa Majefté, qu'il ne fait point bâtir de rues dans fon jardin. On dit que depuis ce tems-là le fobriquet de PRINCE DES RUES lui eft refté.

La ducheffe de Ch...s elle-même fit tous fes efforts pour perfuader à fon époux d'abandonner fon entreprife. Que penfera-t'on ? Que dira-t-on de votre Alt. ? lui difait elle avec toute la douceur qui la caractérife ; je m'en f.., lui répondit le duc de Ch...s avec énergie : un écu dans ma poche vaut mieux pour moi, que toute l'eftime publique. Sentiment vraiment philofophique & chrétien ! Qu'eft-ce donc que toute la gloire de ce monde ? aux yeux du fage & du grand homme, ce n'eft qu'une fumée que le même inftant voit naître & difparaître. D'ailleurs chacun a fes inclinations & fes plaifirs : l'un méprife ce que l'autre eftime, & l'un & l'autre croyent avoir raifon.

Ce qu'on fe permit pour lors de plus hardi contre

tre ce Prince, fut un placard qu'on afficha au haut
du grand escalier du Palais, dans lequel on lui donnait l'idée d'ouvrir une souscription qui lui fourni-
rait l'argent nécessaire pour bâtir les rues projet-
tées; & on lui assurait que si chaque personne, dont
il était méprisé, fournissait seulement un écu, il aurait encore de quoi bâtir même une ville considé-
rable. Le duc de C...s eut la grandeur d'ame de mé-
priser ces injures hyberboliques, & de n'y répondre que par un je m'en f..., & il eut raison.

Ce fut sans douté à cette occasion que l'Auteur
du fameux Noël déjà cité, composa, sur son Alt.
Sér., le couplet suivant :

> En calculant d'avance
> son nouveau bâtiment,
> Ch...s en diligence
> arriva dans l'instant :
> de ma Société, dit-il, je me contente.
> Je fais bâtir un bel hôtel,
> d'un jardin j'ai fait un bord...,
> je suis - là dans mon centre.

Cependant un accident imprévu suspendit les oc-
cupations & les plaisirs du duc de Ch... Il tomba
malade pendant le tems même d'une des couches
de la Duchesse son épouse. La duchesse de Bourbon

sa sœur, qui est devenue si intéressante par ses in-
fortunes, accourut au secours de son frère; chaque
jour, dès les sept heures du matin, elle était au
chevet de son lit, & ne le quittait que bien avant
dans la nuit. La nature enfin, fécondée par les soins
de cette Princesse, permit que les jours du Prince
fussent prolongés; c'était sans doute pour lui donner le tems de témoigner à son illustre & tendre
sœur, toute sa reconnaissance; mais pour le favori-
ser encore davantage, le hasard lui en fournit la
plus superbe occasion dans l'évènement que nous
allons rapporter.

Le jour du mardi-gras de cette même année
1778, si fameuse pour le duc de Ch..., se passa
cette scène qu'on aurait peine à croire, si elle n'é-
tait attestée par plus de mille témoins oculaires qui
étaient au bal de l'Opéra, lieu où la duchesse de
Bourb. essuya cette disgrace sanglante.

Il est bon d'abord, pour l'intelligence du fait,
de savoir que le prince de Bourb. était devenu
très-amoureux d'une certaine Mad. de Canillac,
qui était attachée à la Duchesse lors de son mariage
avec le duc de Bourb... La Princesse témoigna à la

dame

dame de Canillac son mécontentement avec toute la modération possible : mais malgré tous ses ménagemens, ladite dame fut forcée de se retirer. Pendant cette espèce d'exil, elle eut l'art de plaire au comte d'Art., & comme elle était souvent de ses parties de plaisirs nocturnes, il lui donnait justement la main au bal où il était entré masqué. Cette femme, qui savait que ce Prince avait la tête échauffée de vin, & qu'en cet état il lui accorderait ce qu'elle lui demanderait, lui fit connaître la duchesse de Bourb., & lui fit sentir que si elle pouvait se venger de l'affront qu'elle avait reçu de cette Princesse, sa satisfaction serait parfaite, & son triomphe des plus glorieux. Au même instant son Alt: Royale faisant semblant de prendre la Duchesse pour une des filles qui font l'ornement de ce bal, passa, en peu d'instans, des propos libres aux insultes les plus outrageantes. La Duchesse, qui d'abord n'avait fait que rire, murmura, se fâcha, devint furieuse, & ne sachant pas quel était le masque qui se permettait tant d'effronterie, elle se précipita sur lui, leva la barbe du masque, & de suite reconnut le comte d'Art.; mais elle jugea à

propos

propos de feindre, le Comte au contraire échauffé par le vin, l'amour & la colere, prit le masque de laDuchesse, à deux mains, & le lui écrasa sur le visage. D'autres personnes qui aiment à simplifier les relations, disent que le comte d'Art... se contenta de porter un violent soufflet sur le masque de la Duchesse, ce qui effectivement peut l'avoir écrasé sur la joue de cette princesse. Quoiqu'il en soit le masque fut gâté; mais la Duchesse n'en eût jamais fait la moindre plainte, si son Alt. Royale ne s'en fût pas vanté comme une action dignes d'eloges. La Maison de Condé, qui ne confond pas les sottises avec les exploits, en fut instruite & indignée : les Princes en demanderent satisfaction au Roi ; & sur ce que Sa Majesté répondit seulement que son frere était un étourdi, sans ordonner aucune réparation, la duchesse de Bourb. se décida à ne plus sortir ; & le Prince son époux, quoique séparé d'avec elle, remit à M. de M...pas un Mémoire adressé au Roi, & y ajouta verbalement, que si le Roi ne jugeait pas à propos d'ordonner à son frere de faire une réparation, il regarderait ce refus, de la part de Sa Majesté, comme une permission tacite d'en pren-

L   dre

dre lui - même une entiere satisfaction.

Cette anecdote paraîtra étrangere à notre sujet à quiconque ne saura pas que la duchesse de Bourb. étant de la Maison d'Orl. , & propre sœur du duc de Ch...s, que nous deffendons, devait aussi , naturellement élever les voix & les armes de toute sa famille, & sur-tout de son frere. Aussi ses ennemis n'ont-ils pas manqué de lui faire un crime de ce qu'il avait délaissé sa sœur, à laquelle il devait la vie, en proie au chagrin dont elle était accablée; de ce qu'il ne s'était pas déclaré son Chevalier, & de ce qu'il n'avait pas eu le courage de laver l'injure faite à cette Princesse, dans le sang du coupable. Mais plusieurs excellentes raisons justifient la prudente inaction du Prince : I° il relevait depuis peu d'une maladie dangéreuse qui l'avait beaucoup affaibli; il eut donc été de la derniere folie de présenter en ce triste état, la lance ou l'épée à un homme plein de santé & de vigueur. 2°. Quoique le prince de Bourb. ne fut pas bien avec sa femme, il était de droit son premier champion, & le duc de Ch...s n'avait aucun titre pour lui disputer cet avantage. Troisiémement , enfin, son Alt. Sér

ne

ne trouvait aucun avantage réel dans la dure alternative ou de se faire percer le ventre par le comte d'Art., ou de percer celui de ce Prince : dans le premier cas, sa propre mort n'était pas ce qu'il craignait davantage, c'était les larmes & les regrets qui auraient accompagné ses tristes restes au tombeau. Dans le second, il devenait l'homicide d'un Prince aimé du peuple Français, & qui méritera sans doute son estime, & alors il perdait un ami précieux & un fidel compagnon de plaisirs & d'erreurs. Bien plus, une question, à laquelle il n'est pas facile de répondre, embarassait beaucoup son jugement & sa conscience, & conséquemment le tenait en suspens lorsque la résolution du duc de Bourb. l'en délivra fort heureusement. A qui doi-je prêter l'oreille par préférence, se demandait le duc de Ch....s, est-ce aux principes de la Religion, d'accord avec les loix de la Nature, & celles de mon Roi, ou aux follicitations d'un vain préjugé, d'un être imaginaire appellé honneur, qui n'a pour foutient qu'un usage barbare que presque tous les hommes raisonnables condamnent ? Ce fut fort à propos, comme nous venons de le dire, que le duc de

Bourb.

Bourbon prévînt la décifion de fon Alt. Sér., & le delivra par-là d'un grand danger ; car, encore une fois, tel parti qu'il eût pris, il eut été loué par les uns, & condamné par les autres.

Les paroles cathégoriques que le duc de Bourb. avait proférées en remettant, comme nous l'avons dit plus haut, fon Mémoire adreffé au Roi, entre les mains de M. de Maurep., engagerent le Roi à ordonner à un des Capitaines des Gardes du comte d'Art. de ne pas le quitter de vue. Ce Prince avait eu le tems de fentir fon tort, & par forme de réparation, il avait confenti à déclarer, en préfence de toute la Famille Royale, & des Princes, qu'il n'avait jamais eu l'intention d'infulter la ducheffe de Bourb. : & qu'il ne l'avait pas connue au bal. Mais cette fatisfaction n'étant point fuffifante à l'égard du duc de Bourb., il fit connaître formellement au comte d'Art. fon mécontentement, & l'intention où il était d'en avoir raifon. En conféquence, les deux Princes fe rendirent au bois de Boulogne, mirent habits bas, fe battirent pendant environ fix minutes, avec une adreffe, une force & une intelligence abfolument

égale,

égale, puisqu'il n'y eut pas une goûte de fang de répandue de part ni d'autre, fe féparerent, puis s'embraſſerent, puis s'habillerent. Pendant ce combat fingulier, le duc de Ch...s, qui vraifemblablement n'en était pas inftruit, quoiqu'il y eut dans le bois de Boulogne, une infinité de gens qui regardaient de loin, traçait fort tranquillement, dans la plaine des Sablons, une courfe de chevaux ; le hafard voulut auffi qu'au même inftant, un exprès vînt lui annoncer qu'on l'attendait à une répétition de comédie que faifait le duc d'Orl. avec Md. de Mont. C'était ainfi que le fameux Mathématicien Archimède, de Syracufes, prenait un plaifir fi vif dans l'étude de la Géométrie, qu'il en oubliait même le boire & le manger. Sa Patrie étant affiégée, il s'occupait fi peu des dangers auxquels il était expofé, & des actions des ennemis ; qu'il s'amufait, comme le duc de Ch...s, à traçer quelque figure de Géométrie fur le fable, quand un foldat le mit à mort fans le connaître, quoiqu'on lui eût bien deffendu de faire aucune injure a ce grand homme. Mais M. Marcellinus, qui commandait les affiégeans, avait oublié de donner à chacun d'eux le portrait, ou au moins le fignalement

lement du pauvre Archiméde, ce qui fut caufe qu'il fut tué, & que fon meurtrier fut banni à perpétuité par le judicieux Marcellinus. Mais revenons à notre hiftoire, & faifons connaître une nouvelle injuftice de la part des Parifiens à l'égard du duc de Ch...s.

Mad. la ducheffe de Bourb., bien dédommagée de l'affront qu'elle avait reçu, par toutes ces fatisfactions d'éclat, fortit de fa retraite, & reparut dans le monde. La premiere fois qu'on la revit à la Comédie Françaife, le fpectacle & les fpectateurs lui témoignerent tant d'affection par de forts & longs battemens de mains, qu'elle en verfa, dit-on, des larmes d'attendriffement. La Reine vint le même jour au même fpectacle, quelques minutes après, mais les mains déjà fatiguées ne lui accorderent que de faibles applaudiffemens; d'ailleurs il ne lui était arrivée aucune aventure..... Le duc de Bourb. & le prince de Cond. parurent à leur tour, & dès qu'ils furent placés derriere Md. la ducheffe de Bourb., les battemens de mains accompagnerent les Bravo, Braviffimo, Monfieur vint enfuite, n'exita pas grand bruit; M. le comte d'Art.

ne

ne fit que glaner. Tout cela certainement n'avait
rien de commun avec le duc de Ch...s, puisqu'il
ne s'était trouvé ni à la dispute, ni à la satisfaction,
ni au combat, ni au spectacle, ni aux applaudisse-
mens, & cependant on le fait figurer dans quatre
méchans vers satyrique, où l'on caractérise les
principaux personnages de cette scene romanesque :

> Bourb. se tait & se lamente :
> L'Epoux menace & se présente ;
> D'Art. se vante & puis mollit :
> D. Ch...s rit puis s'avilit.

Voila comme son Alt. Sér. est blâmée sans raison par le public qui lui suppose pour mobile unique, une ambition démésurée, & une soif insatia-
ble des richesses. Nous allons voir à combien de
calomnies indignes ce malheureux préjugé à donné
lieu.

Lors de l'incendie terrible de l'Opéra, qui me-
naça le Palais-royal, & toutes les rues adjacentes,
d'un embrâsement universel; le duc de Ch...s, à
ce que disent ses ennemis, ne s'occupa que du soin
de sauver son or, ses bijoux, ses effets précieux,
&c. &c. Rassuré des craintes, dont son ame avait

été

été la proie, & voyant que le feu cessait de dé-
vorer la partie de son palais, qu'il avait entammée,
il contemplait le feu, étant appuyé sur la fenêtre
d'un marchand de la rue saint Honorée, chez qui
il s'était réfugié : là, dit-on, il se permit de dire
que cette incendie formait un suberbe tableau, &
quelqu'un répondit, d'une voix très-intelligible, &
qui parvînt à ses oreilles: oui ce ferait un très-beau
feu de joie si tu étais au milieu.

Quant à nous, dont le vœu est de dire la vérité, nous ne trouvons rien d'étrange en ce que son
Alt. Sér. pensait à sauver ce qui lui appartenait ; il
faut être vraiment acharné contre un homme, pour
lui faire un crime du sentiment le plus naturel ,
après celui de la conservation de sa personne. A
l'égard du propos de son Alt. Sér. , dont on lui fait
un reproche injuste, & une imprécation horrible ;
il faut encore avoir contre un homme une bien
grande inimitie pour donner à des expressions in-
nocentes, une interprétation si criminelle. Ou pou-
-vait supposer que le cœur du duc de Ch... était sensible autant qu'un autre aux malheurs des victimes
de cet affreux évènement ; mais en même tems on

doit

doit convenir que cet évènement dans toute son horreur offrait un superbe tableau; & il a éffecti-vement donné lieu à d'excellens tableaux qui re-presentent sous differents points de vues les superbes horreurs de cet incendie.

Un sot plaisant qui se trouvait dans la foule de-vait être encore plus insensible qu'on suppose que ne le fut le duc de Ch...s, lorsque voyant la même scène, il dit en appercevant son Alt. Sér., les An-glais n'auront pas bon tems à l'avenir, car Mon-seigneur s'accoûtume au feu.

On assure aussi que le Chevalier Dubois, Com-mandant du Guet, remit au Prince un billet ca-cheté, qu'il avait trouvé dans les décombres, & conçu en ces termes : tu ne t'en f..... pas longtems, tu feras grillé toi & ton Palais-royal. Si cette anec-dote est vraie, ce Commandant, à notre avis, eut grand tord de faire voir ce billet à son Alt. Sér. & celui-ci eut grande raison de continuer à se f..... de pareilles menaces, qui, pour l'ordinaire font faites par des poltrons incapables de rien executer. La réponse du Prince fut, à ce qu'on prétend très-énergique; allez vous faire f...., dit-il au Chevalier, vous & tous les faiseurs de billets, je vous don-

nerais

M

nerais tous pour une toife de ce qui eft brûlé de mon efcalier, qu'il faudra que je faffe raccommoder à mes dépens.

On reproche encore au duc de Ch....s d'avoir cherché à augmenter fa fortune par l'établiffement de jeux de hafard, dans le Palais-royal ; ce qu'il exécuta en effet, parce que fon Palais eft un fanctuaire où les yeux furveillans de la Police, ne peuvent ni furveiller, ni exercer leur autorité. Mais encore en ceci, fon Alt. Ser. ne fuivait que l'exemple des premiers du Royaume, en ce fiecle où la domination impérieufe & tyrannique de fots préjugés, fait croire que la grandeur & la nobleffe ne font point aviljes de chercher à fe procurer les fruits honteux, & les produits criminels des jeux clandeftins & des duperies que le dernier des intriguans de la Suiffe, ou des environs de Lyon, peut fe permette. Le peuple à dire vrai, n'eut pas tout-à-fait tort de trouver en cette circonftance la conduite du duc de Ch...s indigne d'un rejetton d'une Maifon iffue de la Branche la plus illuftre de France.

Le duc de Ch...s devait en effet être très-fatisfait

de

de voir la réuſſite de cette nouvelle entrepriſe, que le produit de ſes diverſes banques paraiſſait devoir ſubvenir aux frais de la conſtruction de ſa ſomptueuſe écurie, de ſa petite maiſon de Mouſſeaux, & de ſes autres bâtimens, qui avaient déjà beaucoup amaigri ſon tréſor, & dérangé ſes finances, malgré l'ordre & l'œconomie qu'il y obſervait.

Pour ne pas manquer à la réuſſite qu'il s'était propoſée, il choiſit, pour préſider à ſes jeux de haſards, des banquiers de la probité deſquels il était certain. Mais malgré qu'il eût pris les meilleures meſures, dont ſa prudence fut capable, il eut la diſgrace de voir non ſeulement l'autorité ſupérieure, s'élever contre ſon établiſſement, mais encore ſon pere même, que l'on aurait cru très-indifférent, demander que les coquins qui prêtaient les mains à ces jeux, ce ſont ces propres termes & concluſions, fuſſent arrêtés ſur le champ, fouettés, marqués & conduits aux galeres; il offrit même, pour encourager les pourſuites contre eux, de les faire conduire à ſes frais, dans cet aſile ordinaire des filoux.

L'imagination féconde de ſon Alt. Sér. ſuppléa bientôt, à ce qu'on dit, au deffaut de cette puiſ-

ſante.

fante reffource, par un moyen tout extraordinaire puifé dans une fource prefqu'inconnue. En voici le rapport.

A la mort du Général des Capucins, du comte de Clermond ; les Loges de la Franche-Maçonnerie de France fe trouverent plongées, non pas dans la douleur d'avoir perdu leur illuftre Grand-Maître, mais bien dans le plus grands embarras de le remplacer : & il était effectivement très difficile de rencontrer autant d'ineptie jointe à la débauche la plus effrénée. Il eft rare de trouver tant de prérogatives de cette efpèce, réunies fur-tout dans des Princes.

Cependant on jetta les yeux fur le duc de Ch...s, & d'une voix unanime, il fut nommé Succeffeur du défunt Grand-Maître, & Protecteur de cette Société ridicule qui enveloppe, de myftères abfurdes, une morale un peu moins pure que celle d'Epicure. Nous n'en dirons pas davantage fur cette matiere, pour deux raifons ; la premiere c'eft que des profanes ne font pas dignes d'entrer dans le temple ; la feconde, c'eft que nous fommes Apologiftes du duc de Ch..s, & que tout ce qui n'a pas de rapport à fa conduite & à fa deffenfe nous éloigne de

notre

de notre but, qui n'eſt pas d'écrire pour faire imprimer, ni d'imprimer pour gagner de l'argent,
mais notre premier deſſein rempli, nous voulons en
paſſant, inſtruire & corriger les mœurs.

La très-fameuſe Loge de Mouſſeaux, pendant
que la Grande-Maîtriſe fut vacante, était la plus
conſéquente du Grand-Orient : elle n'était compoſée que de ce qu'il y a de plus aimables libertins en
France : la jeuneſſe la plus noble, la plus folle &
la plus diſſolue du Royaume s'y aſſemblait réguliè-
ment.

Tout le monde ne ſait pas qu'après la tenue du
travail, par une fermeture de loge la plus ſinguliè-
rement imaginée, le Grand-Maître permet aux
membres de la Société de ſe livrer à la gaieté;
mais nos lecteurs, qui à préſent ſont inſtruits de
cette particularité, ſe formeront ſans doute l'idée
la plus agréable de celle du duc de Ch...s dans ces
circonſtances, que des plaiſirs qu'il goûtait, non pas
comme on a voulu l'inſinuer, à l'uſage Oriental,
mais ſeulement les jours de tenue de femmes, ſans
leſquelles ce très-reſpectable Maître ne pouvait, di-
ſait-il, travailler. Et quel crime y aurait-il pour

des

des difciples de Salomon, d'être tombés dans les erreurs & les faibleffes de ce Roi fage, en voulant
mettre en pratique fes principes vertueux?

Au faubourg faint-Antoine, eft une maifon im-
menfe connue fous le nom de la Folie-Titon. Ce
fut en cet endroit que le duc de Ch...s fut procla-
mé Grand-Maître, avec toutes les cérémonies ex-
travagantes accoûtumées, & toutes les adulations &
les fadaifes ordinaires & extraordinaires en pareilles
cérémonies. Le duc de Luxemb., alors Adminif-
tateur général de l'Ordre, fe promit, & fe vanta,
d'en tirer de grands avantages, malgré la modicité
des préfens que le nouveau Grand - Maître avait
faits à l'Ordre, & que ce fut au dépens des loges
réunies que fe fit cette grande fête.

Il ferait difficile peut-être de juger, fans en avoir
fait l'expérience, quelle eft la plus agréable, & la
plus digne de l'ambition d'un grand homme, de
ces deux Charges, celle de Grand-Amiral de France, ou celle de Grand-Maître de la Franche-Maçonnerie : nous ne prononcerons point fur cette
queftion ; mais nous dirons que le duc de Ch...s fe
crut bien dédommagé d'être privé de la première ;

des

dès qu'il fut pourvu de la derniere. Déchargé d'un fardeau qu'il aurait eu bien du mal à foutenir, malgré le fecours de quelques milliers de fubalternes, il ne s'occupa qu'à recevoir à l'Anglaife, dans la loge de Mouffeaux; & n'ayant aucun ennemi. à épouvanter, il s'en confolait & nourriffait fon humeur martiale en faifant des frayeurs fi terriblés aux dindons Récipiendaires, que plufieurs d'entre eux commirent de fi grandes incongruités que la Loge entiere s'en plaignit plus d'une fois, & fut mife en fuite, au milieu du travail, par les vapeurs défagréables, où le gaze méphitique, qui faififfait cruellement leurs organes de la refpiration. Quoiqu'on en dife, cette Charge avait coûté chere au duc de Ch...s , & depuis longtems elle ne lui avait procuré que quelques fcènes rifibles, lorfqu'il eónçut l'idée de s'en démettre avec avantage ; mais il fallait bien couvrir fes démarches pour réuffir à en avoir bonne finance.

D'abord il lui parut néceffaire d'affocier fon cher coufin, le comte d'Art., amateur des grandes aventures, au Corps dont il était devenu Grand-Maître. Le Comte y aurait confenti dès la pre-

mière

miere propofition, s'il n'en eut craint la publicité
& le défaveu du Roi. Ces fcrupules furent aifément lévés, & le comte d'Art. augmenta le nombre des dupes de la loge de Mouffeaux. Sa réception
fut ignorée pendant quelque tems à la Cour; mais
bientôt elle tranfpira, & prêta à rire au Roi, qui
lui dit en plaifantant, que la France devait fe fé-
liciter de voir fes Princes chercher à s'inftruire.
Dès lors il n'y eut plus rien à ménager; l'agrega-
tion du Comte fut publiée, & fon nom & la date
de cette mémorable journée furent folemnellement
infcrits fur les régiftres du Grand Orient. On dit
que cette cérémonie coûta beaucoup d'argent au
comte d'Artois. Mais cet article ne ferait pas de
notre reffort, fi le duc de Ch...s ne jouait pas un
rôle effentiel dans cette fcène.

Ce fut dans le Wauxhall qu'occupait autrefois
Torré, que fe raffemblerent tous les invités pour
procéder à la folemnelle reconnaiffance du nouveau
frere. Il n'en couta à fon Alt. que 32000 liv., dont
20000 furent employés aux frais de la fête; le refte
entra dans les coffres du Grand-Maître, qui, à ce
prix, fe démit généreufement, & par deférence

pour

pour le comte d'Art., son ami du titre de Grand-Maître, & des honneurs & prérogatives qui sont attachés à cette Charge essentielle.

On reconnaît encore à ce trait le bonheur & l'esprit qui accompagnent toutes les actions de son Alt. Sér.

E ce tems-là le duc de Ch...s, animé d'une passion assez ordinaire aux Anglais, que son Alt. Sér. s'efforce d'imiter, s'apperçut qu'un Prince tel que lui ne devait pas rester inactif dans les bornes étroites d'une Capitale, & même d'un Royaume ; qu'il devait au contraire porter tout à la fois sa renommée & sa présence, au moins dans les pays les plus beaux de l'Europe, & sur-tout dans ceux ou la Vo-lupté était la divinité favorite, à laquelle on élevait des temples & des autels. En vain voudrait on faire croire qu'il avait envie de promener le héros, & de se faire encencer dans les contrées où sa conduite passée eut été peu connue, ou un vrai mystère ; l'univers entier était alors informé de toutes les circonstances qui rendaient la journée d'Ouessant absolument neûtre pour les deux flottes opposées, & personnes n'ignorait plus le degré ou la mesure de

N   gloire

gloire qui était légitimement due aux Amiraux à qui les deux plus braves, & les plus refpectables Nations de la terre avaient confiés leurs intérêts. Ce ne fut donc que la curiofité & le génie Anglais qui décida fon Alt. Sér. dans l'adoption de ce nouveau genre de plaifir. D'ailleurs ce Prince voulut peut-être voir, par fa propre expérience, s'il fe trouvait fur la terre un peuple qui prodiguât aujourd'hui les louanges fans favoir fi elles étaient méritées, & qui y fubftituât demain les fatires les plus amères fans être encore plus inftruit. Il voulait voir par lui-même s'il fe trouvait ailleurs qu'à Paris des mercénaires méprifables qui flattaffent les faibleffes, & même les vices des Princes : & certes ce motif eft digne de toutes fortes de louanges, fur-tout dans un homme qui, dans le fein de fa famille, peut remplir tous fes fouhaits, fans s'inquiéter même de l'œil pénétrant de la critique.

Le Prince voulut commencer fes erreurs par l'Italie : la fomme qu'il deftina aux frais du voyage, ne diminua rien de celles deftinées à des ufages effentiels : elle était le produit des gageures que fon Alt. Sér. avait gagnées par l'habileté de Parkner &

Adamfon

Adamfon, fes deux jocqueis, & du fauteur & du vigilant fes deux braves courfiers

Son départ une fois fixé, il en fit part à la Ducheffe, fon époufe, qui n'apprit cette réfolution
qu'avec la plus vive douleur ; elle employa, mais
en vain, toute l'éloquence de l'affection la plus tendre : la fermeté du Prince y fut auffi inflexible que
le fameux Uffe le fut aux larmes de Pénélope.

Son Alt. Sér. alla enfuite à Verfailles, non feu-
lement pour remplir une formalité d'ufage & de
devoir, mais encore pour favoir fi l'Etat & le Roi
confentiraient à l'abfence d'un Prince, tel que lui,
qui pouvait être employé très-utilement à la gloire
& à l'avantage de l'un & de l'autre. Il s'y rendit
donc en diligence, s'inclina devant Sa Majefté, &
lui baifant refpectueufement la main, lui demanda la
permiffion de s'abfenter pour quelque tems. Le Monarque le reçut affez froidement, & lui répondit à
peu-près en ces termes, après un moment de filence
& de réflexion : j'ai un Dauphin : Madame peut être
groffe : M. le comte d'Art. a plufieurs Princes : ...
vous pouvez faire ce que vous voudrez...., je ne
vois pas en quoi vous pouvez être utile à la Patrie

trie : ainſi partez quand vous voudrez, & que votre retour s'éxécute quand bon vous ſemblera.

Cette réponſe à parler ſincérement était conçue dans des termes trop complaiſans pour flatter l'amour-propre d'un Prince qui ſe croyait utile malgré ſon peu de ſuccès au combat d'Oueſſant. Mais le grand homme ſait ſupporter & mépriſer même les diſgraces les plus dures. Le duc de Ch...s retourna à Paris, très-peu affecté, fit les préparatifs de ſon voyage, & s'aſſocia pour compagnons le duc de Fitzj. & le trop fameux Prince Guém. Ce dernier comme on ſait, prit la liberté de faire une banqueroute frauduleuſe, par laquelle il ruina plus de ſix cens familles honnêtes qui ne ſe ſeraient jamais doutées, lorſqu'elles portèrent leurs fortunes dans les cofres de ce Prince, qu'il fut capable de pareilles baſſeſſes, ou qu'il put les commettre impunément.

Quelque tems avant ſon départ le duc de Ch...s, qui eſt aſſez amateur des originalités, inſtitua Md. la comteſſe de Genlis, non pas inſtitutrice, mais bien inſtituteur des princes ſes enfans. Quoique les écrits de cette Comteſſe reſſentent aſſez le mâle, ou au moins le genre neûtre, le chevalier de
Bonnd.

Bonnd , fous-gouverneur, ne trouva pas cette infti-
tution légale; à tous autres égards , & en toutes autres circonftances, il aurait fans doute cédé volontiers l'avantage à Md. de Genl., mais en celle-ci il
crut devoir donner fa démiffion , qui fut acceptée;
& Md. de Genl. refta Gouverneur des Princes,
tandis que M. de la Har... eut l'emploi de fous-gou-
vernante en faveur des foins qu'il avait pris, à ce
que difent quelques méchantes langues, de compo-
fer & de corriger, fous les yeux & le nom de Md.
le Gouverneur des Princes, les petites Comédies
puériles attribuées à cette Dame par ledit fieur de
la Har. & fon imprimeur. Un plaifant s'avifa même
de parodier une épigramme faite à ce fujet contre
Md. de Genl. par la reponfe fuivante.

> Aujourd'hui prude, hier galante ;
> Tour à tour folle & docteur :
> Genl. , douce Gouvernante,
> Deviendra dur Gouverneur ;
> Mais toujours , femme charmante,
> Saura remplir fon deftin :
> On peut bien être pédante
> Sans ceffer d'être Cat...

Le couplet fuivant, fait contre cette même Gouverneur, eft encore bien plus méchant :

Aux

Aux Princes, Genl. doit, dit-on,
du Reverſi donner leçon :
c'eſt de ſa politique,
    Eh bien !
une fine rubrique :
    vous m'entendez-bien.

Ces Elèves bientôt inſtruits,
s'amuſans les jours & les nuits,
pour peu que le jeu donne,
    Eh bien !
le mettront à la Bonne,
    Vous m'entendez-bien.

Mais ſortons bien vite de ces calomnies infâmes, & gardons le ſilence ſur toutes celles que l'envie de ſes ſemblables a vomie contre elle ; & paſſons rapidement au voyage du duc de Ch.

Son Alt. Sér. , ayant pourvu à l'éducation des Princes, fit à ſa tendre épouſe les adieux les plus touchans, & les promeſſes les plus fortes de lui être toujours fidéle, après quoi il partit pour l'Italie.

La Nation Françaiſe eſt compoſée, de même que toutes les autres, de deux claſſes d'hommes : la premiere renferme les gens occupés ; la ſeconde eſt formée des gens oiſifs. Les premiers attentifs à leurs intérêts, ne s'occupent d'ancun objet étranger : les

derniers ;

derniers, toujours pleins d'ennui, cherchent à allé-
ger ce désagréable fardeau par la curiosité qu'ils
nourrissent de tous les objets conséquens ou fri-
voles qui se présentent ; le son des cloches, le
bruit du canon, les cris d'une femme, les aboye-
mens d'un chien le font sortir subitement d'une espèce de léthargie, & avant de s'être informé de la
cause de son réveil, son imagination lui présente la
pompe funèbre de quelque Potentat, la naissance
d'un Prince, ou la nouvelle de quelque victoire ;
les débats comiques de quelque harengère, ou la
correction qu'un mari donne à sa femme; ou enfin,
des chiens qui s'entre mordent, ou qui viennent de
recevoir des coups : mais dès que ces grands évènemens ne se succèdent pas avec rapidité, il faut né-
cessairement que cette curiosité trouve une autre
nourriture. Chaque oisif, en cette cruelle circonstance, se croit en droit de jetter les yeux sur la
conduite de son prochain, & d'en porter son jugement à sa fantaisie, & comme, en bon Chrétien, il
se met de niveau avec tous les hommes, le Roi, le
Prince, le Docteur, le Financier, le Manan, le prochain enfin devient l'objet de son unique occupation.

Voit-il

Voit-il les chofes fous un point de vue favorable ; fon plaifir eft extrême , une gaieté bruyante l'annonce, fes applaudiffemens d'éclats achèvent de peindre fa fatisfaction.

L'homme occupé eft au contraire prefqu'indifférent aux plus grands évènemens, fi leur intérêt & le bien public n'y font pas intéreffés : auffi font jugement moins précipité , eft-il conféquent; mais en général il ne jette jamais un œil curieux fur la conduite des Grands : peu lui importe, par exemple, qu'un duc de Ch...s exifte , ou qu'il n'exifte pas; qu'il agiffe bien ou mal à l'égard de fes maîtreffes; il n'eft pas plus touché des éloges outrés que ce Prince a reçus, que des calomnies dont il a été noirci ; & pour finir , en un mot, il ne fe foucie pas plus de notre Apologie , que le Kam des Tarne fe foucie de ce pauvre M. de Graffe , de trifte renommée.

D'après ce que nous venons de dire , peut - être hors de propos, il eft aifé de deviner dans quelle claffe de la Nation Françaife il faut chercher les détracteurs du duc de Ch...s. Mais il ne ferait pas auffi facile de deviner comment ils alimentèrent leur

noir

noire envie, leur perfide calomnie, leur haine injuste lorsque le Prince fut parti. Un bon Logicien
va nous dire que, certainement, la cause n'existant
plus, les effets devaient également cesser. Cependant tout le contraire arriva. On exécuta, pour
ainsi dire, ou plutôt on martirisa sa mémoire en ef-
figie; & le lendemain de son départ on trouva, sur
la porte du Palais-royal, le placard infàme dont
voici une copie fidéle.

Il est parti ce Prince ingrat, injuste,
qui verse en ce séjour l'amertume & l'horreur:
Il est parti ! Vertu , Déesse auguste,
écarte son retour! c'est celui du malheur.
    Du pur sang des Bourbons, ce monstre à t'il
      pu naître ?
lui qui montra toujours un cœur faux , déloyal?
L'homme le plus abject, est plus que son égal.
Aux traits de sa figure, peut-on le méconnaître?
    D'aucun de cette Race a-t-il donc l'apparence ?
Sa démarche est ignoble, son air bas & rempant.
Aussi reconnait-on le héros d'Ouessant,
dans un Prince du Sang le plus noble de France.
    Puissent les trois furies le suivre en son voyage!
Qu'elles guident ses pas aux rives du Cocite ;
que Cerbère & Minos, punissant ce Thersite,
aient de nouveaux droits à notre juste hommage!
    Mais si par un destin , qui ne se conçoit pas ,
il revenait jamais aux bords de notre terre ,
puisse quelqu'ennemi lui donner le trépas,
& le priver enfin de la douce lumière.

O   Ce

Ce fut fans doute une mortification bien cruelle pour la duchesse de Ch...s , que de voir & de lire ce placard , qu'on eut l'imprudence de lui remettre , au lieu de lui cacher , par humanité , cette preuve de la haîne mortelle que l'on portait au Prince son époux. Mais cette vertueuse Princesse se contenta de gemir , & de désirer un changement heureux dans l'opinion des oisifs , & dans le caractère de l'objet de leur haîne. En conséquence elle ne fit faire aucune recherche sur les auteurs de cet infâme placard.

Les ennemis du duc de Ch...s attribuèrent pour lors à la crainte ce qui était l'effet d'une sage & pieuse modération , & adressèrent à la Duchesse les couplets suivans , qui forment un Pot-pourri aussi sot , aussi mauvais qu'il est noir & calomnieux.

COUPLETS.

SUR SON ALT. INDIGNISSIME

MONSEIGNEUR LE DUC DE CH...S.

AIR : *Des Bourgeois de Chartres.*

D'OUESSANT, la nouvelle
est venue à la Cour :
ton Epoux infidele,
nous vantait son retour :
je reviens sur les pas , dit-il , de la victoire ;

de

de laurier je suis couronné ;
est il mortel plus fortuné ?
Ah ! pour moi quelle gloire.

A I R : *du haut en* bas.

LA Renommée,
en son récit plus véritable,
la Renommée
nous instruisit à point nommé,
que de Ch...s était coupable ;
& n'est-elle pas bien croyable,
la Renommée ?

AIR : *de la Fete des bonne-gens.*

LOUIS qui de son Trône,
entendit tout ce discours,
dit : c'est à ma Couronne
faire un affront pour toujours.
Si mon Cousin est un lâche,
qu'il s'éloigne de mes yeux,
qu'il aille laver sa tache,
qu'il s'écarte de ces lieux.

A I R : de la Béquille du pere Barnaba.

AVEC pompe & fracas,
à la Cour il arrive ;
le Courtisan, tout bas,
disait, dans sa joie vive,
pour ce sabre qui brille
ne lui faudrait-il pas,
bien mieux une béquille
du Pere Barnaba.

A I R :

AIR : des Bourgeois , &c.

QUE m'importe la gloire ?
disait-il en son cœur :
on rit de ma victoire,
f.... de la valeur :
je consulte bien moins mon honneur que ma bourse;
grâces à mes jocqueis fameux,
dans mes paris toujours heureux,
je l'emporte à la Course.

AIR : *de* GENEVIEVE,

APPROCHEZ tous, & qu'un chacun m'écoute,
dit le Héros, baillant à l'Opéra;
j'ai tout battu, & l'Anglais me redoute;
Keppel a fui; le croye qui voudra :
qu'on rende hommage,
à mon courage,
l'Anglais de moi toujours se souviendra.

AIR : des *deux* Chasseurs *& la Laitiere.*

LES Cat... en firent la fête ;
on dansa au Palais-royal ;
les sots au bruit de la conquête,
criaient au Héros sans égal,
mais la nouvelle de la guerre,
répétait la nuit & le jour :
il a vendu la peau de l'ours,
sans l'avoir pu jetter par terre.   BIS.

AIR : RLI, RLAN.

DANS Paris l'on vit son Alt...
pour se venger de tous ces ris,
mettre sottise sur faiblesse,

au

recevoir projets & devis ;
au lieu d'abbatre des murailles ,
en élever fur nouveaux plans ,,
 Rli , Rlan ,
& fe f..... de la canaille ,
Rlan , tan plan , tambour battant.

AIR : LA PLUS BELLE PROMENADE.

 GRACE à Dieu , dans l'Italie ,
il eſt allé voyager :
mais le peuple ne l'oublie ,
& veut toujours en parler :
il le déteſte de forte
qu'il dit , dans ſon ſouvenir ,
que le diable l'emporte ,
c'eſt notre plus grand deſir.

Ces couplets ne firent pas une impreſſion moins vive fur le cœur de la Princeſſe , que ne l'avait faite le placard qui les précéda : mais le même filence & la même modération de ſa part firent ceſſer ces écrits odieux. Les ennemis du duc de Ch...s continuerent leurs imprécations tacites ; mais ceſſerent de chagriner la Ducheſſe.

Pendant ces circonſtances, Monfeigneur & ſes Aſſociés marchaient à grandes journées, pour arriver en Italie. Un accident qui leur arriva dans les Alpes , manqua mettre fin à leur voyage. Leur voiture vint à verfer ; le Prince fut légerement

froiſſé :

froiſſé : le bruit courut qu'il s'était caſſé la cuiſſe ;
ſes ennemis ſouhaitèrent qu'il ſe fut caſſé le col.
Cet accident a été rapporté de pluſieurs manières
dans les gazettes : mais dans le vrai , il n'eut point
de ſuite , & Monſeigneur parcourut , ſain & ſauf ,
l'Italie.

En vain voudrait-on nous faire croire que ſon
Alt. Sér. en eſt revenue comme preſque tous les
Anglais qui viſitent cette belle partie du monde ,
c'eſt-à-dire ſe ſouvenant pour tout avantage d'y
avoir bu , mangé , dormi & ſacrifié à toutes ſortes
de débauches ; d'avoir perdu même le nom de vertu ,
& d'en avoir rapporté tous les vices. Nous avons ſur
le caractère , ſur le cœur , ſur l'eſprit & les connaiſſances du duc de Ch...s , une opinion trop avan-
tageuſe pour former de tels ſoupçons ; il y a au
contraire , tout lieu de croire que ſon Alt. Sér.
ne manqua pas de viſiter , & de payer le tribut
d'admiration due à la fameuſe Académie-royale de
peinture à Rome , & la curioſité peut fort bien l'a-
voir porté à viſiter les plus célèbres courtiſannes
vivantes de cette Capitale , après avoir rendu ſon
hommage au Pape , & aux marbres froids de l'antiquité.

tiquité. Car fi les reftes des monuments de cette antiquité méritent encore notre admiration, ils n'éteignent pas pour cela les fenfations délicieufes que produit en nous la vue d'un fexe qui par-tout paraît charmant à l'homme, & qui l'eft vraiment plus en Italie, qu'en aucune autre partie du monde : ajoutez à cela, qu'aux charmes les plus féduifans, les femmes y joignent les paffions les plus vives, & conféquemment tous les rafinemens de la lubricité la plus ardente. Heureux & trois fois heureux le duc de Ch..s de n'avoir pas fourni à fes ennemis la cruelle fatisfaction de pouvoir annoncer qu'il eft devenu la victime des faveurs empoifonnées de la Vénus proftituée de l'Italie, fléau le plus mortel dont la Divinité irritée aït puni les hommes; ou que la vengeance de quelque femme méprifée, contre fon Alt. Sér., n'ait point plongé le poignard dans le fein de ce Prince, ou caché la mort dans fa nourriture & fa boiffon. On dit cependant qu'il lui arriva a Modène, en revenant en France, une aventure affez tragique, que nous allons raconter le plus fuccintement qu'il nous fera poffible.

M. le duc de Ch..., étant à Modène, entendit

parler

parler d'une courtifanne célèbre, dont les charmes étaient divins, la voix enchantereffe, la con-
verfation vive, gaie, fpirituelle, & dont l'art, dans
fa profeffion, touchait au dernier degré où une
put.... & un debauché pouvaient prétendre. Son
Alt. qui, malgré fa grande curiofité, n'avait rien
trouvé qui ne lui fit regretter les charmes de fa
tendre & fidéle époufe, s'imagina d'après la peinture qu'on lui avait faite de cette Laïs, que pour le
coup, il allait fe trouver avec le phénix de la lu-
xure, entre les bras de cette Circ.e.

Accompagné d'un Gentilhomme, affidé & inftruit de fon humeur, il fe préfenta à l'entrée de la
nuit, en catogan, fans épée, & dans l'uniforme in-
venté par fon cher Genl., & qui eft tant à la mode
aujourd'hui : il fe préfenta, difons-nous, & entra
dans le Palais enchanté : & s'adreffant à la Princeffe, il lui tint ce difcours : —— Vous voyez à
vos pieds, illuftre & fameufe Princeffe, un humble
Chevalier errant, qui ferait trépaffé dans les plus
cuifans regrets, s'il eût quitté l'Italie fans en avoir
admiré la plus rare merveille, & fans avoir laiffé
fur votre autel, une marque defon hommage & un

ex

ex dono qui perpétue à jamais la mémoire des faveurs infignes qu'il fe propofe d'obtenir de votre divinité, par fes vœux. Ce tendre difcours, accompagné de geftes fignificatifs, fit naître à l'inftant, dans le cœur de la courtifanne, non pas de l'admiration ni de l'amour, mais bien l'efpérance de charmer Monféig,; elle lui fit l'acceuil le plus gracieux, & les plus vives careffes fervirent de prelude à un repas fin & délicat, s'il s'en trouve de tels en Italie.

Quoiqu'il en foit le fouper parut très-agréable au Prince. Les charmes de la voix, & la jufteffe des accens de la courtifanne, attendrirent fon Alt. Ser, qui n'entendait rien des couplets dont on lui adreffait les louanges. L'ivreffe du plaifir, d'accord avec le vin perfide d'Italie, fit perdre les forces au duc de Ch...s : on le mit fur un lit, où le repos fuccéda bientôt au bonheur qu'il venait de goûter.

Ce qu'il y a de certain, dit-on, c'eft que fon Alt. Sér. fe leva, bien fatigué, le lendemain matin, & impatient de retirer fes gens d'inquiétude, il allait fortir avec précipitation, lorfque fa compagne l'arrêta, & lui dit qu'indépendamment de la dépenfe, & des travaux déjà faits, il lui revenait encore un

P   tribut

tribut d'ufage , & qui fe payait fans doute en France comme à Modène, aux femmes qui faifait commerce de prêter leurs appas , & de les livrer même
à la volonté des curieux : & je m'imagine qu'à Paris
comme ici, les put... ont des amans, des caprices,
des fouteneurs de leurs charmes & de leurs droits ;
au moins en avons-nous en Italie, toujours prêts à
exécuter nos ordres ; à dépouiller , mutiler, affaffi-
ner même les objets de notre jaloufie & de notre
haîne, ainfi que ceux qui négligeraient de nous fa-
tisfaire ou de leurs perfonnes ou de leurs bourfes.

Le ton affirmatif, dont ce difcours fut prononcé,
ne déconcerta pas le duc de Ch...s ; il ne pouvait
croire que tant charmes ferviffent d'enveloppe à
tant d'horreur, il crut appaifer cette furie en lui difant avec un fourir gracieux : mais dis donc, l'enfant, n'as-tu pas été bien payée de m'avoir poffédé
dans tes bras , moi, duc de Ch...s, moi, Prince du
Sang des Bourb. ? Je ne me foucie guères de ce que
tu es, lui répliqua-t-elle, je t'ai reçu comme j'aurais
reçu ton laquais : chez nous autres, princes, valets,
cardinaux, capucins, magiftrats & favetiers, font
également bien venus & fêtés, mais tous, avant de

de

de sortir, doivent payer d'une maniere ou d'autre.

Ce dernier propos humilia son Al. Sér. qui, le visage animé plus qu'à l'ordinaire, allait répliquer vivement, lorsque la beauté Modenaise s'en étant apperçu, frappant seulement des mains, fit sortir d'un cabinet voisin, sans aucune magie, quatre braves à mine patibulaire qui, gardant le silence le plus profond, & fixant la beauté, n'attendaient qu'un seul signe pour se saisir du duc de Ch...s, qui eut sans doute préféré le bruit, le feu & le danger du combat d'Ouessant, à la scène qu'il avait sous les yeux. Revenu de sa premiere surprise, il dit, avec beaucoup de ménagement, à la prêtresse de ce temple infâme, qu'il avait voulu s'assurer par lui-même de la vérité de la bonne politique des courtisannes d'Italie : & pour en marquer son approbation il la paya généreusement. Au même instant cette femme, pour lui prouver sa reconnaissance, fit verser du vin à ses quatre braves, prit un verre elle-même & but de compagnie avec ses assassins, à la santé du duc de Ch...s, & le reconduisit ensuite jusque à la porte. Jamais pareille scène ne se ferait passée dans un bord... de Paris, son Alt. Sér. y aurait certainement

été

été reconnue & respectée ; mais ces filles d'Italie n'ont aucun égard pour les Alt. Sér. Françaises : elles difent toutes, comme un Empéreur de leur Rome ; fi de l'honneur fans le profit : c'eft même leur devife.

Enfin le duc de Ch...s n'eut rien de plus preffé que de revenir dans fa chere patrie. Tout le peuple de Paris fut bien furpris de voir que ce Prince n'avait fuccombé ni aux fatigues d'un long voyage, ni aux atteintes du vice : fes ennemis furent très-mortifiés de le voir de retour fain & fauf.

A peine ce Prince fut-il arrivé au Palais-royal , & eut-il embraffé fon époufe ainfi que le duc de Val..., qu'il vola à fon nouveau bâtiment ; d'ailleurs il avait puifé le goût de l'excellente architecture en Italie, & il voulait comparer ce qu'il faifait faire avec ce qu'il avait vu. Les ris, les grâces & les plaifirs de tous les fpectacles occuperent tous les momens que fon Alt. Sér. ne donnait pas à fes bâtimens ; & fçut concilier fa fatisfaction avec fes intérêts.

Un intérêt fordide , dit-on , s'eft emparé du duc de Ch..,s , & lui fait faire des actions indignes d'un honnête homme : En voici, continue-t-on , un

trai^t

trait affuré dont l'authenticité eft conftatée.

Au mariage des Princes, il eft d'ufage que le Roi accorde, pour préfent de nôces, une fomme de 150,000 liv. Le duc de Ch...s fit demander cette fomme à fon pere qui l'avait reçue pour lui. Le duc d'Orl. qui avait dépenfé 300, 000 liv. au mariage de fon fils, répondit qu'il croyait avoir amplement fatisfait aux intentions du Roi. En conféquence il fit affigner fon pere : quelques jours après il alla voir Mad, de Mont. qu, lui repréfenta combien ce procédé était indécent ; & lui dit que le duc d'Orl n'avait point d'argent, & lui préfenta en même tems fes diamans, pour gages de la fommes qu'il réclamait, & dans le fait les lui envoya pour faire ceffer cette defagréable procédure. Le duc d'Orl., inftruit de la généroïté de Mad. de Mont. fit tout fon poffible pour trouver la fomme , & lui renvoya fes diamans. La conduite du duc de Ch...s , dans cette circonftance, ne pourrait-elle pas être confidérée comme dictée par l'intérêt paternel qu'il prend au bien de fes enfans ? c'eft au lécteur impartial à porter fon jugement fur cet article, comme fur les autres.

Juftifiez donc le duc de Ch...s du fait que je vais

vous

vous raconter, nous dit un ennemi déclaré de son
Alt. Sér. Il n'y a pas longtems que le duc de Ch..s,
voulant étaler le faste qui lui est si naturel, ne pouvant le faire par ses belles actions, eut envie
d'une paire de boucles à pierres, faites dans le
dernier goût : il fit venir son Bijoutier ; vit plusieurs
modèles ; choisit celui qui lui plaisait d'avantage ; &
convînt de la qualité des pierres qui seraient mises
en œuvre, & tomba d'accord à 24, 000 liv.

Le Bijoutier prit sur le champ des engagemens
avec un riche Lapidaire, & établit les boucles en
très-peu de tems. Aussi-tôt il fut les porter au duc
de Ch...s qui, réflexion faite, se repentait de son
accord, & cherchait le moyen de le rompre. En
voici un qui se présenta à propos, lorsqu'il vit les
boucles : elles sont assez belles, dit - il à l'ouvrier,
les pierres sont bien les mêmes que j'ai démandées,
mais l'ouvrage est lourd & mal executé, je ne puis
les recevoir. Le marchand eut beau employer toute
sa réthorique, il fut forcé de remporter chez lui ses
boucles, son trouble & son désespoir. Son plus
grand chagrin fut l'impossibilité où il allait se trouver de remplir les engagemens qu'il avait pris. Enfin, d'après les conseils de sa femme, il retourna

au Palais-royal , & peignit au duc de Ch...s tout
son désespoir, lui fit envisager la ruine qui le me-
naçait. Son Alt. parut touchée , & profitant de la
circonstance, proposa généreusement au Bijoutier
désolé, la somme de 18, 000 liv. pour les boucles,
Le marchand y consentit en lui assurant qu'il sacri-
fiait ses propres fonds pour remplir les engagemens
qu'il avait contractés : par cet arrangement, le duc
de Ch...s devint possesseur desdites boucles , qui lui
coûtèrent, il est vrai, beaucoup moins que leur valeur intrinsèque.

Un Seigneur étranger, Ambassadeur en France,
les voyant aux pieds de son Alt. Sér., les admira &
les loua beaucoup : le duc de Ch...s convînt qu'elles
étaient effectivement belles, que cependant elles
ne lui convenaient pas, & qu'il était décidé à
s'en défaire. L'Ambassadeur goûta la proposition du duc de Ch...s, & lui proposa d'en devenir
l'acquéreur si cela lui faisait plaisir : le duc de Ch..s
y consentit, & la conclusion fut que le Prince étranger lui payerait la somme de 24, 000 liv., prix que
les boucles lui avait coûté.

Vous vous attendez, continua la personne qui
nous

nous racontait cette anecdote , que fon Alt. Sér.
pour juftifier le proverbe qui dit ; il a l'ame d'un
Prince; reftitua, fans doute, au Bijoutier les 6000 l.
qu'il avait reçues au deſſus du prix qu'il avait payé ;
mais vous trompez groſſierement. Ecoutez-moi jufqu'au bout fans m'interrompre.

Le Prince étranger voulut un jour de cérémonie
fe parer de fes fuperbes boucles; mais malheureufe-
ment il fe trouva qu'elles le bleſſaient , & pour re-
médier à cet inconvénient, il alla de fuite chez le
duc de Ch...s le prier de lui indiquer le Bijoutier
qui les avait faites. Son Alt. , fans penſer aux fui-
tes de cette affaire, donna à fon Excellence l'adreſſe
qu'elle avait défirée. L'Ambaſſadeur fe tranſporte
chez le Bijoutier; à peine lui preſente-t-il les boucles , que l'ouvrier , pouſſant un profond foupir ,
dit: voila des boucles qui me coutent bien cher ....,
je voudrais bien ne les avoir jamais entrepriſes, ni
vendues! Son Excellence étonnée de l'apoftrophe,
fit quelques queftions, & apprit avec furpriſe que
les boucles n'avaient coûtée au duc de Ch...s que
18,000 liv. , & qu'il avait gagné fur lui 6000 liv.
En conféquence il apprit au Marchand la manière
dont les boucles étaient paſſées en fa poſſeſſion , &
lui

conseilla de retourner au près de son Alt. Sér., qui sans doute lui restituerait les 6000 liv. qui devaient équitablement lui revenir. L'espérance la plus flatteuse porta la consolation dans le cœur de ce pauvre Artisan, il alla, avec la plus grande confiance, annoncer à M. le duc de Ch...s l'information qu'il venait de recevoir . . . mais son Alt. Sér. lui répondit avec le plus grand sang-froid : notre convention définitive a été que je vous payerais 18,000 l., vous les avez reçues . . . , que vous importe ce que j'ai fait d'une chose devenue ma propriété? retirez-vous. L'infortuné se retira en effet la rage dans le cœur ; & ne pouvant se venger autrement, rendit publique cette anecdote, par laquelle il crut diffamer son Alt. Sér., ou justifier au moins la réputation qu'il a d'être animé d'un intérêt sordide. Mais que l'on examine, sans aucun esprit de partialité, la conduite du duc de Ch...s dans cette occurrence ; on ne peut l'accuser tout au plus que d'un peu de fermeté dans le caractère ; car si son action est blâmable, depuis le Roi jusqu'au Marchand d'allumettes tous méritent le même blâme, car l'uncomme l'autre vend tout ce qu'il vend plus cher qu'il ne

Q   l'a

l'aacheté, quand il le peut : en agir autrement serait être dupe : la nécessité seule détermine à des pertes volontaires.

Ce fut quelque tems après cette aventure que le duc de Ch...s entreprit un voyage pour Londres, dans le dessein sans doute de voir les braves gens qui l'avaient si bien chauffé à Ouessant, ou d'y acheter des chevaux propres aux courses, ou bien de faire des paris aux courses de New-Market, & autres endroits. Les compagnons qu'il choisit cette fois ne furent point le prince Guém., ni le comte de Genl., ni le duc de Fitzj. : il devait à ce dernier quelque dédommagement pour les sommes qu'il lui avait gagnées au jeu, & dont Mad. de Fitz-j. avait fait la réclamation au près de Sa Majesté.

Le bonheur accompagna encore le duc de Ch...s dans cette incursion en Angleterre : il y gagna des sommes immenses, & l'on peut dire que s'il ne remporta sur les Anglais aucun avantage dans le combat d'Ouessant, il peut au moins se vanter de les avoir battus, vaincus & dépouillés au jeu. Ses ennemis, à cet égard, prétendent qu'il sçut soumettre le hasard à sa volonté : mais pourqnoi ne pas convenir qu'il y

des

des perſonnes qui tiennent cette Divinité comme enchaînée à leurs caprices. Et puis n'importe comment on bat ſon ennemi ; ſi les ruſes de toute eſpèce ſont permiſes à la guerre ; quelle guerre eſt plus cruelle que celle que ſe font les miſérables joueurs les uns aux autres.

Les richeſſes, dont ſon Alt. Sér. avait dépouillé ſes ennemis, fournirent aux nouveaux frais de bâtiſſes, de ſes courſes, de ſes parties de paume, ſeuls exercices dignes d'un Prince, ſur-tout quand il n'eſt pas occupé de l'art & des travaux de la guerre : car on ne pourrait pas prétendre, en toute équité qu'un Prince s'occupât des études, des ſciences ſi fort en vogue en ce ſiécle : ce n'eſt pas cependant que le duc de Ch...s les ait négligées ; bien au contraire, & nous nous faiſons un vrai plaiſir de dire qu'il fut un des Princes qui encouragèrent davantage les travaux du ſieur Blanchard, auteur d'un vaiſſeau volant, & ceux de quantité d'autres Phyſiciens, tels que MM. de Montgolfier, Charles & Robert. Cet amour pour les Sciences & pour les Savans, & ſes préſens en leur vafeur, le lavent preſqu'eutiérement de l'imputation qu'on lui fait d'être un ignorant, dans toute l'étendue du terme.   Peut-être

Peut-être le duc de Ch...s aura-t-il l'avantage de désabuser par la suite, avec autant de succès, le peuple de la Capitale & de toute la France, sur tous les autres vices qu'on lui prête, & qu'il ne sera plus le but des sarcasmes & des satires les plus indécentes: en voici une qui fut faite contre son Alt. Sér. pendant le mois de juin au bal de l'Opera; où se trouvaient, M. & Mad. la comtesse du Nord, la Reine & Monsieur, ainsi que le Roi & toute la Famille Royale; ce fut au moins en présence de bonne compagnie. Son Alt. Sér. étant venue au même bal, sans masque ni domino, causait avec une fille près de la Reine; un certain masque noir vint se mêler de la conversation : le duc de Ch...s désapprouvant cette familiarité, lui dit : est-ce que vous ne me connaissez pas? pardonnez-moi, reprit le masque, vous vous êtes trop bien DÉMASQUÉ. Ce propos, il est vrai, est on ne peut pas plus piquant ; cependant son Alt. sçut se contenir, ne sachant pas quel était ce masque téméraire qui pouvait être une personne très-haute & très-puissante, ou très-basse & très-méprisable. Cependant son Alt. le suivant des yeux, le masque continua de regarder le Prince avec

une

une affurance impofante : fon Alt. en fut plus em-
barraffée qu'auparavant, & ceffa de le fuivre : le maf-
que alors s'eft éclipfé.

En voici une autre : M. le duc de Ch...s ayant
perdu le procès qu'il avait contre la Ville, on le
chanfonna encore fur nn air d'Albanèze.

AIR : ET ! QUEST-CE QUE ÇA ME FAIT A MOI ?

> QUE Ch...s après une bataille,
> perde un procès aujourd'hui :
> qu'entre les Français & lui,
> il élève une muraille !
> Queft-ce que ça me fait à moi ?
> qu'on le honniffe & le raille :
> queft-ce que ça me fait à moi :
> quand je chante & quand je bois ?

Enfin en voici une troifiéme : M. le comte d'Art.
& M. le duc de Ch...s avoient pris fur eux le foin
d'infcrire les noms des perfonnes qui rendraient vi-
fite le jour de l'an, au Roi & à la Reine ; & pour
mieux les diftinguer ils avaient divifé le cayer des
vifites des Dames en quatre colonnes, favoir :
Belles, Paffables, Laides, Abominables. Mad. de
Fl. fut rangée dans la dernière colonne, & en for-
tant de chez la Reine, elle jetta un regard curieux
fur le cayer, & y vit l'épithete que les Princes

avaient

avaient donnée à fon nom. Quelque tems après fe trouvant chez le duc de Ch...s, celui-ci éleva une légere difpute avec fa compagnie, fur le fignalement d'une perfonne. Mad. de Fl., faififfant avec plaifir l'occafion de fe vanger, dit, avec beaucoup de tranquillité : il ne faut pas contredire Monfeigneur en cette circonftance, il connait beaucoup mieux les fignalemens que les fignaux.

Quoique l'on ait dit & écrit jufques à ce jour, contre le duc de Ch...s, fon caractere ferme lui a toujours confervé la plus profonde tranquillité : fa propre confcience le juge fans doute avec plus d'indulgence que le Public qui ne peut pénétrer que bien peu dans les vues de fon Alt. Sér. : & qui par conféquent peut prendre des vertus pour des vices, & des actions très-reflêchies pour des folies. Au refte la conduite future de ce Prince donnera de nouvelles preuves de la folidité des jugemens qui ont été hafardés, fur fon compte, jufques a ce jour.

En attendant que quelque circonftance favorife nos fouhaits de voir fon Alt. mériter l'eftime & l'amour même de fes adverfaires, nous ofons affurer que le feul deffaut dont nous croyons ne pouvoir le

juftifier,

juftifier , eft celui du libertinage porté a des bornes peut-être trop éloignées. En vain dirait-il qu'en
ce point il fuit les traces des plus grands Empereurs
Romains, & fur-tout celle d'un grand Roi dont il
eft iffu : lofqu'il aura eu la tête couverte des lauriers
que ces héros ont mérités, & à l'ombre defquels ils
ont joui des plaifirs de la vie, on lui permettra de
fe livrer aux mêmes faibleffes ; & dans le cas où il
ne les couvrirait pas du voile de la décence & de
la pudeur , le peuple reconnaiffant aura l'indulgence
de n'ouvrir les yeux fur lui que pour voir le héros;

Réfumons, & voyons fi les autres reproches faits
au duc de Ch...s font fondés ou non.

Ses Détracteurs ont avancé qu'il était mauvais
mari. Rien ne prouve cette imputation ; au contraire
tout la dément : fa vertueufe époufe, qu'il trouve
lui-même la femme la plus aimable qu'il ait jamais
connue, détruit à cet égard le jugement des ennemis du duc de Ch...s

On reproche à ce Prince d'être mauvais pere :
encore un autre jugement inique, rien de plus tendre que le duc de Ch...s pour fes enfans, & le public eft témoin du plaifir qu'il prend à les amufer

lui

lu-même, & à les promener. Le seul reproche qu'il mérite à l'égard de ses enfans, c'est d'avoir confié leur éducation & leur instruction à des gens incapables & indignes d'un tel emploi.

Le duc de Ch...s est, disent ses ennemis, un gendre ambitieux & perfide. En sollicitant la Charge de Grand-Amiral de France, nous ne voyons pas qu'il ait commis une perfide ; s'il a fait tout ce qu'il a su & ce qu'il a pu pour la mériter , son ambition est louable.

Ce Prince, dit-on calomnieusement, a causé la mort de son Beau-frere. La vérité dit que les plaisirs goûtés sans ménagement, ont empoisonné ce Prince.

C'est un frere ingrat & lâche, s'écrient les mêmes gens ; & cela par rapport à son inaction dans l'affaire de Mad. de Bourb. Ce reproche, ainsi que nous l'avons prouvé, n'est pas mieux fondé que les précédens.

C'est un Banquier de jeu de hasard ; si c'est un crime à la mode, il doit passer.

C'est un Entrepreneur de bâtimens : nous avons ouï dire souvent que bâtir était une folie, jamais on ne nous a dit que c'était un vice ou un crime.

C'eſt un Marchand de boucles, un Brocanteur ; mais le Commerce reçoit chaque jour de nouveaux encouragemens, pourquoi voulez-vous y mettre des entraves dans les mains d'un Prince plus capable qu'un autre de le faire fleurir.

Enfin, ſes infâmes ennemis diſent : c'eſt un avare mépriſable, devoré par une ſoif inſatiable d'acquérir. L'avare il eſt vrai, emploie toutes ſortes de moyens pour acquérir ; mais ſon plaiſir unique eſt d'entaſſer ſes richeſſes & d'en voir augmenter la maſſe. Les bâtimens ſeuls que le duc de Ch...s a fait exécuter & l'épuiſement de ſes finances, la néceſſité où il a été de ſolliciter un emprunt en rentes viageres, le juſtifieront à l'égard de cette inculpation dans l'eſprit de toutes les perſonnes que de ſots & & d'injuſtes préjugés n'ont pas privées du ſang commun.

On va ſans doute actuellement nous demander quel motif nous a déterminé à entreprendre cette Apologie ; vous avez ſûrement reçu de l'argent, ou quelque faveur du duc de Ch...s ? Point du tout, nous n'avons beſoin ni du tréſor ni de la protection

R   de

de ce Prince : nous formons une Société de gens libres, & indépendans de toute autorité, dès que nous avons payé notre capitation; car nous ne faisons jamais ni bruit, ni procès, ni dettes; nous prenons plaisir à dire & à deffendre la vérité, parce que nous savons que nous vivons sous un Roi auprès duquel elle peut pénétrer, même toute nuë, sans encourir les risques d'être insultee de ses courtisans, ni rejettée avec mépris de la part de l'Auguste Souverain;

Mais de quel droit, nous dira-t-on peut-être, présentez-vous ces vérités, non seulement au Roi, mais même au Public? du droit, répondrons-nous, que nous accordent les Loix & la Religion, de chercher à réformer les mœurs, pourvu que la diffamation & la malice n'entrent pas dans nos moyens.

Faites-vous donc connaître nous dira quelqu'un, car vous n'avez rien à craindre si vous avez suivi le Loix & la Religion. Il nous suffit de faire le bien en rendant les hommes meilleurs, & les Princes plu circonspects, en leur faisant connaître le grand jou où sont exposées leurs moindres actions, & à que faible fil tiennent leur réputation & leur gloire

mai

mais notre voix n'eſt pas celle de la trompette faite
pour les triomphans; c'eſt la voix humble de quelques habitans du déſert, mais qui ſe fait entendre
juſques aux extrémités de la terre, & qui crié ſans
ceſſe : Princes ſoyez juſtes & pratiqués les vertus.

Mais enfin, dira le Lecteur impatient; Comment
vous, amis du Prince , & tout à la fois habitans du
déſert, avez-vous eu connaiſſance de tous les faits
que vous avez cités ?

Nous allons répondre à cette queſtion d'une maniere ſatisfaiſante.

Notre Société était autrefois compoſée de quatre
perſonnes : aucun ferment n'avait lié notr diſcré-
tion , aucun motif d'intérêt n'avait formé notre
union : le ſeul plaiſir de rire des folies humaines,
& d'en donner librement notre jugement, nous avait
raſſemblés, & nous tenait inséparables; nous jouiſ-
ſions encore il y a quinze jours de cette félicité ,
lorſqu'une maladie cruelle nous enleva M. Longéars,
notre cher Aſſocié, que nous regrettons avec d'autant plus de juſtice que la Nature, ou le ſort, lui
avait donné la faculté d'entendre tout ce qui ſe diſait autour de lui, à cent lieues à la ronde; c'eſt

pour

pour cette raison que nos écrits font presque tous datés à cent lieues de la Baftille. Depuis la perte de ce précieux M. Longears, perte vraiment irréparable, nous avons cherché, mais toujours en vain, quelqu'un qui pût le remplacer. M. Longfight ne pouvait fuppléer au deffaut du pauvré défunt, fa befogne était affez fatiguante; car fi M. Longears entendait tout, M. Lonfight voyait tout auffi à la diftance de cent lieues. M. Vnderftanding ne pouvait pas non plus s'occuper de l'emploi de M. Longears, parce que la Nature lui ayant accordé un jugement jufte & profond, lui avait refufé des yeux plus pénétrans, & des oreilles plus fines que les yeux & les oreilles des hommes ordinaires. Pour moi qui fuis M. Scribler, je n'ai pas les oreilles meilleures que celles d'un autre, ni les yeux plus clairvoyans, ni le jugement plus vif & plus jufte que celui d'un enfant de fept ans: tout mon talent fe borà griffonner fur le papier ce qu'on me dicte, ou ce qu'on me fait copier. Il n'y a que quelques jours qu'etant tous trois enfemble occupés de notre perte; M. Vnderftanding après avoir un peu rêvé comme font d'ordinaire les grands efprits avant de donner

leurs

avis, nous dit d'un ton dogmatique : s'il eſt vrai que nos ames ſoient immortelles, qu'elles ſentent & qu'elles puiſſent agir & parler après leur tranſition des corps dans les Régions céleſtes, celle de notre ami & cher aſſocié M. Longears, peut encore nous entendre & nous ſervir ; à ces mots M. Longſight & moi nous inclinâmes nos têtes, par ſigne d'approbation, & ſuppliâmes notre Orateur de continuer, ce qu'il fit en ces termes : ſi donc M. Longears, qui nous a été ſinguliérement attaché, & infiniment utile, lorſqu'il était parmi nous, jouit actuellement d'une exiſtence plus heureuſe, & par conſéquent d'une intelligence plus parfaite, & qu'il ſe ſouvienne de la complaiſance aveugle avec laquelle nous avons toujours écouté les rapports & les relations qu'il nous faiſait ; il eſt à croire qu'il ſera plus utile aujourd'hi que jamais à nôtre Société. A peine M. Vnderſtanding eut-il proféré ces dernieres paroles, que les tables & les chaiſes de la chambre où nous étions en conſultation, furent ébranlées ; la bierre, déjà verſée dans nos verres, fut répandues ; un bruit ſourd, ſemblable a celui de pluſieurs voitures anglaiſes, fut entendu, & l'eſprit de M. Longears

nous

nous adreſſa ce diſcours : ceſſez, mes enfans, de vous inquiéter des ſoins de réparer ma perte par un nouveau ſujet; je ſerai toujours préſent à votre Société ; je fournirai toujours de nouvelles matières à votre cenſure & à vos plaiſirs ; mais ce ſera ſous condition que vous réfuterez de tout votre pouvoir, un Libel infâme écrit contre le duc de Ch...s, qui vous ſera préſenté par un Auteur mépriſable ; & que vous le dénoncerez à l'autorité, s'il oſe jamais le publier. Nous avons rempli, autant qu'il nous à été poſſible, les intentions de l'ame de M. Longears : de ſon côté il eſt fidéle à ſa promeſſe, & nous pouvons aſſurer nos Lecteurs, que pour l'avenir, nous ſerons en état de l'nſtruire comme par le paſſé de tout ce qui ſe dit & ſe fait de plus intéreſſant & de plus curieux dans les palais, dans les maiſons, dans les cabinets, dans les boudoirs & dans les alcoves de la Cour, de la Capitale & de toute l'Europe : en un mot dans les lieux les plus ſecrets & les plus retirés ; & nous aſſurons nos Lecteurs que nous ne violerons jamais la promeſſe que nous lui avons faite dans notre Epigraphe :

NOS LÉVRES N'ONT JAMAIS TRAHI LA VÉRITÉ

F I N.

This Book is to be fold

by J. Hodges, on London Bridge and W. Reeves ;
London. Et W. Darling, Bridge-ftreet, Edinburgh.
Et is to be found at all the great Book-Sellers in
the greateft Cities & Towns in Europe.

At the Same Printers & Book-Sellers.

Are alfo to be found the following Books.

Le Diable dans le Bénitier,	1 vol.
La Gazette noire,	2 vol.
Les contes couleur de Rofe,	1 vol.

A.6.1.1.

9 782329 008257